保育を変える
記録の書き方
評価のしかた

今井和子 編著
Imai Kazuko

ひとなる書房

はじめに

　保育園、幼稚園を問わず多くの方々に読んでいただき、版を重ねてきた拙著『保育に生かす記録の書き方』は、初版以来、早16年になります。それまではともすると、保育者が書く実践記録も、研究者が研究のために記述する観察記録も「主観をまじえず客観的にのみ書かれなければならない」と教えられてきたことに疑問を感じ、実践者の立場から日頃考えてきたことをまとめたものでした。
　その本の中で私は、次のように述べています。保育の営みというのは「一人ひとりの保育者が目の前の子どもをどう見ているか？」「見たことに対してどう関わったのか？」を問い続けていくこと。保育者は皆それぞれに自分の目で見ています。目は心の窓、すなわち自分の心を通して見ています。サン＝テグジュペリも『星の王子さま』の中で言っています。「心で見なくちゃものごとはよく見えないってことさ」。見ているようでも見えていなかったことがたくさんあります。自分がどういう眼差しで子どもを見ているかを意識化していくこと、同じ目でも視点を変えてみることで、はじめて見えてくることもあります。一人ひとりが自分の人生を担って子どもたちを見、交わっています。その多様な人生観を持った保育者と子ども、あるいは子ども同士のいろいろな関わりの中で子どもたちが成長していく、その育ちを援助していく営みが保育だと考えれば、金子みすずさんの詩ではありませんが「みんなちがってみんないい」はずです。
　ですから、実践者が書く実践記録を、主観をまじえず客観的にだけ書くなどは考えられません。見たことを正確に書く客観性と、その姿を保育者としてどのように見て感じ取ったのか…それは主観です。保育の面

白さは、子どもの姿を保育者一人ひとりがどう見て関わったか、その見方感じ方が表現されることです。すなわち客観性と主観的要素の両方が必要だったのではないでしょうか。

そしてこの十数年間、全国各地で開催された「記録の研修会」において、たくさんの記録を読ませていただく機会を得ました。最近は、「子どもの姿をどう見たか」「保育者の関わりのありようを書く」ところまでは、大分充実してきているのではないかと感じてきました。ところが最後の「反省、考察欄」が空白だったり、記述されていても「反省している」「今後は特に〇〇のことに対して気をつけたい」「どうすればよいか考える必要を感じた」などと書かれているだけで、どう改善する必要があるのか？　具体的な方針が出ていないものが多く、せっかく書いても記録したことが生かされていないのでは……と感じてきました。次なる課題は「反省、考察」即ち、展開された保育の「反省、評価のしかた・書き方をつかむこと」ではないかと考えていました。

「評価とは、的確な現状認識と、それを基として今後の方針を打ち出していく作業」であり、ここが具体的に記述されると保育が確実に改善されていきます。そんな折も折、保育所保育指針が改定され、その第4章に「保育の計画及び評価」が初めて示されました。そしてそこには「保育所は、保育の計画に基づいて保育し、保育の内容の評価及びこれに基づく改善に努め、保育の質の向上を図るとともに、その社会的責任を果たさなければならない」と書かれています。日誌や指導計画などで日常的に行う評価、即ち「育とうとしている子どもたちにとって今、展開されている保育が、本当に意味があるものかどうか？」その点検を行うことこそが記録の最も重要なところです。日々の評価によって保育実践が変わり、その質が高まっていくことは言うまでもありません。

今回、指針が改定、告示化され、そこに評価の必要性が述べられたから評価をしていかなければならないということではなく、先にも述べたとおり、保育が「子どもたちの育ちを支え、援助する取り組み」である

以上、保育者は日々自分の指導や関わりのありようを相対化し評価していかなければなりません。それが子どもの育ちに必要であり、結果的に専門性を高めることにもなるという、保育者の誇りをかけて取り組む必要があると考え、このたび「保育に生かす記録の書きかた」の姉妹編として本書を出版することになりました。

　当然「評価とは何か？」さまざまな記録における「評価の在り方、とらえ方、書き方」を重点的に表すことになりました。さらに指針には、日々行われる保育士などの自己評価を、職員で共有し合っていく取り組みも求められています。「自らの保育実践の振り返りや職員相互の話し合いなどを通じて専門性の向上及び保育の質の向上のための課題を明確にするとともに、保育所全体の保育の内容に関する認識を深めること」（第4章の2　保育の内容などの自己評価）すなわち、書かれた記録を基に職員相互で話し合い、そこで明らかになった課題を、園全体の共通認識に高めていくことなどが要求されています。保育士等の自己評価と研修の充実が保育の質を担保する車の両輪のように位置づけられています。さらにそれらを保護者にフィードバックすることを前提として保護者の保育理解、さらには保護者の評価にもつなげていく仕組みになっています。本書では、日々の記録に意識化された自己評価をいかに園全体で共有しあい、職員同士のコミュニケーションや成長を豊かにしていくか、いくつかの園の研修を紹介しながら、園内研修の在り方についても述べています。

　このことは、〈計画―実践―記録―振り返り・評価〉の一連の営みを連動させ、保育所保育の構造化を図り、保育の質を高めること、それこそが社会の期待に応えていく保育所の役割であることを意味づけています。本書がその一端を担えればこのうえもない喜びであります。

　　　　　　　　　　　　　　　　　　　　　　　　今井　和子

CONTENTS

保育を変える　記録の書き方　評価のしかた

はじめに　3

序章　保育の向上と「記録・評価」　11

「なぜ書くか？」12／自己評価と園内研修16

第1章●日誌の書き方と評価 ……………………… 19

1　日誌の役割　20

保育日誌を書くことは専門職としての保育者の職務20／日誌の様式について21／書き方のポイント22／記録の生かし方25

2　0歳児クラスの日誌の書き方と評価　27

例1 個別を主にし、クラス運営的なものを添えている日誌29／例2 クラス運営的なものを主とした日誌31／例3 日誌の必要事項がもれなく記述できるようになっている様式33／例4 一人の子どもの生活が1週間見通せる個人日誌35／例5 週日案（日誌）38

3　1歳児クラスの日誌の書き方と評価　40

例1 新人保育者のクラス日誌40／例2 子どもを楽しんで見ている日誌43／例3 1〜2歳児の発達を見事にとらえたベテラン保育者の日誌45

4　2歳児クラスの日誌の書き方と評価　47

　　例1ありのままの姿をどうとらえるのか？49／例2視点を定めた日誌51／例3深い子ども理解が評価につながる53

5　3歳児クラスの日誌の書き方と評価　55

　　例1子どもの姿がもっとわかるように57／例2ねらいを具体的にする大切さ59／例3保育者と子どものみごとなコラボレーション61／例4様式を見直すことで内容が充実する63

6　4歳児クラスの日誌の書き方と評価　64

　　例1評価につながる記録を書く64／例2保育者の思いが先行しすぎた記録67／例3テーマを定めた日誌69

7　5歳児クラスの日誌の書き方と評価　70

　　例1一斉活動（設定保育）の日誌70／例2週日案記録のメリット、デメリット75／例3遊びを通して育っていくたしかな力が表現されている日誌77／例4活動が続いていった2日間の日誌―生活体験から考える力や学ぶ力を育む―80

8　異年齢クラスの日誌の書き方と評価　83

第2章●子育て支援になる連絡帳 ……………………87

1　連絡帳の意義と役割　88

　　連絡帳は子ども理解のドキュメント＆＜わが子の成長記録＞88／子育て支援としての機能89

2 保護者との相互信頼を育む連絡帳の書き方　91

子どもの姿や育ちを効率的、かつ具体的に書く91／お互いの意見交換が気楽にできるように──一方通行になっていませんか？──94／保護者に不安を与えるような記述や、否定的な表現を避ける98／マイナスなことは書かないほうがよいのでしょうか？102／一人ひとりの保護者の、多様な考えを受け止め、連絡帳で相互に育ちあう関係づくりを104／連絡帳を書いてもらえない保護者には…107／3歳以上児の連絡帳109

第3章●実践記録の書き方と評価 ……………………………113

実践記録とは？114／テーマの繰り出し114／どう書くか？115／例1 かみつきに対する対応について122／例2 かるたを早く取らないで129／例3 プレッシャーより気持ちよさを136

第4章●保育士等の自己評価 ………………………………139

子どもの実態（姿）を根底にした評価140／「子どもの姿をどう見るか？」日誌による自己評価142／例1 なぜ評価が書けないか？142／例2 子どもの姿を具体的に興味深く見る、その見方が評価を生む144／例3 ハッとした保育のひらめきこそ評価につながるポイント145／例4 4歳児の発達を捉える評価の視点146／例5 今日の日誌の評価が明日の保育への改善点に連続していく147／日誌やエピソード記録、保育のビデオ撮影などを研修に生かす150

第5章 ● 自己評価から園の評価へ ―考え方、とりくみ方― ……… 153

評価の意味とその必要性154／評価の視点は保育の視点155／基本は園独自の評価基準156／学校評価と保育内容の評価157／園独自の自己評価159／具体的な評価方法161／新しい視点での評価－私たちの園での試み165

第6章 ● 園内研修・討議のとりくみ ……………………………… 179

1　園内研修の考え方・すすめ方　180

研修にとりくむにあたって180／研修計画の作成181／園内研修のテーマについて182／事例から学ぶ視点をどこに据えて、実践していくのか183

2　幼児グループで連続の事例検討にとりくむ　190

はじめに190／事例会議にとりくんだ経過191／事例会議の概要192／7月の事例会議報告より192／参加者の感想から197／おわりに　主任の立場からの気づき199

3　園内討議と主任保育士の役割　201

職員間のコミュニケーション202／保護者とのコミュニケーション205／地域とのコミュニケーション206

おわりに208

＜参考資料＞　保育所における自己評価ガイドライン210

装幀／山田道弘　装画／おのでらえいこ　写真／川内松男
＊写真は本文と関係ありません。

序章

保育の向上と「記録・評価」

（1）「なぜ書くか？」

1）子どもの実態を把握し適切な援助につなげるため
　「なぜ書くか？」と問われればそれは「大事なできごとを忘れないため」です。保育者にとって大事なできごとというのは、保育の中でとらえた子どもの姿や育ち、人との関係性や活動の展開、それらのことから見出したさまざまな疑問や発見、感動などではないでしょうか。それを書くことによって、子どもの実態をより深く見つめ、省察し今後の保育の計画につなげていくことができるのです。そして書くことによって意識化することができた大事なことは、子どもの実態の把握および今後の課題として、さらに重要な意味を持ってきます。ことに保育における疑問や課題の発見は、保育を創造していく礎であり、原動力です。なぜなら「疑問を持つことは、問題（真理）を発見する力」であり、書くことは「問いに対する答えを探すこと」でもあるからです。
　記録はこのように「計画→実践→記録（評価）→改善→計画→実践」という循環の中に位置づけられており、保育という営みの中ではなくてはならない役割を果たすものです。
　書く必然性がなく、いたしかたなく書かれた記録ほど読んでいてつまらないものはありません。なぜならその保育者の考えや思いが伝わってこないからです。また記録を、たんなる活動や生活の経過報告ととらえている人もいます。実践記録は決して経過報告ではありません。保育という営みは、保育者と子どものやりとりであり、保育者が子どもをどう見てどう関わるかによってその後の展開や結果は違ったものになるからです。子どもの姿だけの記述や保育者の見方関わりが書かれていないものは、省察（保育の評価）を書く必要も生じません。そのため書くことで援助の手がかりを見出すこともできません。保育者の意欲を書きたてるような意味のある記録を書くためには、保育をしながらはっとしたこ

とすなわち子どもの新しい発見や気づきを『書いておきたい』と直感した時、すぐメモすること、その習慣をつけることで短時間に効率的な記録を書く力が養われるのだと思います。

2）書くことで「第三の視点」が生まれ客観視できるようになる

　改めて自分の保育の様子を振り返りながら書いていくと、面白いことにもう一人の自分、すなわち書かれている自分を突き離して眺める第三者的な目が生まれていくことに気づきます。つまり書きながら自分と子どものやりとりを相対化して見るもう一人の自分が生まれていくということです。このもう一人の自分、第三者の視点が生まれることによって、自分の思い込みにブレーキがかかり、保育を客観視する力が養われていくことはいうまでもありません。時間や距離を置いて振り返ることは、過去の事柄を別の角度から見つめ直したり、吟味するということを可能にします。

3）記録によって子どもの行為の意味や内面を理解する

　記録を通しての省察は「子どもの育ちを振り返ること」と「自らの保育を振り返ること」の両方からなると指針に書かれています。後者においては、保育者の様々な思いや対応のありのままを描き出すことで、自分の保育を振り返るしかありません。そこで大切なことは、日常の生活の中で子どもの思いをいかに受け止めそれに応答するかという見えない保育の営みです。

　ここで保育者が自らの保育を振り返り省察したことによって見えてきた「子どものつもりの世界」の記録を見てください。

つもりの世界を知るきっかけとなったゆうや君の一人遊び

　ゆうや君（2歳4ヵ月）が、トイレの流しにスヌーピーの人形を持ち込み、ビショビショに濡らしていたのを他のクラスの先生が見つけ、担任の私に知らせてくれた。私は『しまった、ちゃんと見ていなかったことをつかれてしまった』とあわててしまい、ゆうや君のところに駆けつけると「どうしてこんなことするの！　人形がだめになってしまうでしょ！」と言ってそれをとりあげ、ゆうや君の見ているところでギュッと絞り、テラスに持っていってロープに干そうとした。（書きながら思ったのだが子どもにとって人形は友だちの代わり、なんてひどいことをしてしまったのかと心が痛む）　ゆうや君は私のお尻をたたきながら「ちゃうの、ちゃうの」と泣きながらついてきた。わたしはゆうや君の訴えを聞こうとせず「ちゃうのじゃないでしょ」と怒っていた。そんな2人の様子を見ていたもう一人の担任がテラスに来て「先生、さっきゆうや君がスヌーピーの人形を抱っこして部屋から出ていったとき"スヌーピーうんちしちゃった…"といったひとりごとを言ったような気がするんです」と話してくれた。私はガーンと頭を撃たれたような気がした。なぜならゆうや君はまだ毎日カーテンに隠れて立ったままうんちをしていたため、気づいた保育者が彼を抱きかかえてトイレに連れて行きお湯の出る流しでお尻を洗ってやっていたのだ。私はハッとしてトイレの流しに駆けつけてみたら、ハンカチのような布が濡れていた。急いでゆうや君のところに走って行き謝りたい気持ちで「そうか。ゆうや君は、スヌーピーがうんちをしちゃったから、お尻を洗ってあげていたのね」と言うと、彼はほんとにうれしそうに、もうこれでいいと言わんばかりのさわやかな顔になって「うん」とうなずき部屋に入っていった。

＜考察＞

　このことを通して私は、子どもの行為やつぶやきがどんなにその子

の想像の世界（つもり）を知る大切なてがかりになるかを知った。彼のつぶやきを聞き留める保育者がいなかったら私は、彼の一人遊びを困った行為として処理してしまうところだった。「そうか。ゆうや君はスヌーピーのお尻を洗ってあげていたのか」という一言がどれほど彼を喜ばせたか。その時の彼のうれしそうな顔を忘れることはできない。子どもの行為は自己表現、心が動いて行為になる、どんな行動や表現の中にも子どもたちの人としての目に見えない心の理由がある。それを理解することが個の発見になることを大切にし、これからは、自分の感情だけで子どもを見てしまうのでなく『今なぜこのような行為をしているのか』を子どもの視座になって考え対応しなければいけないと痛感した。

　保育者が子どもたちの目に見える行為、——あの子は乱暴で困るとか、4歳にもなっているのにまだ友だちと遊べない——といった外に表われ出た姿だけをとらえて評価してしまうのでなく、その背後にあるもの、すなわち行為を引き起こしている目に見えない心の動きや願い、真実の訴えを探り当て、返していくことが保育の営みとして最も大切にされなければなりません。津守真は『保育者の地平』（P89　ミネルヴァ書房）に次のように述べています。「子どもの内なる課題に気づき、それにこたえて行為（保育）するとき、大人と子どもとの関係は、創造的に変容し始める」。

　ある子どもに対して、保育の手立てが見つけられずに悩んでしまうということは、現場では誰しも日常的に経験することです。ところがグループ会議や職員会議などで、その子を深く理解するための話し合いを行なったりすると、次の日からその子の姿が変わってくる、というケースがよく見受けられます。

　幼児の心を読み取ろうとする保育者の愛情と熱意が幼児の心に伝わった時、幼児は心を開いてくれます。書くことによって子どもの内面を見

つめ、対話できるようになっていく力が養われることこそ保育の醍醐味ではないでしょうか。

（2）自己評価と園内研修

1）明日の保育の手がかりをつかむための「評価」

　幼稚園教育要領の第3章の1の（ウ）には「指導の過程についての反省や評価を適切に行い、常に指導計画の改善を図ること」とあります。「反省」と「評価」を対にして述べていること、評価が保育者自身の指導の改善のためのものであることを示唆しているところに意味があると思っています。「反省」は自分の言動をあとから振り返りよく考えてみることであり、そこで物事が終わってしまうのですが、「評価」は的確な現状認識とそれを基として今後の方針を打ち出していく作業であり、次へと発展していく、つまり明日の保育への手がかりをつかむことです。この度の改定保育所保育指針でも、第4章2　「保育士などの自己評価」に次のような記述があります。ア保育士などは、保育の計画や保育の記録を通して、自らの保育実践を振り返り、自己評価することを通して、その専門性の向上や保育実践の改善に努めなければならない。また、その項目に対する解説書には「保育を振り返り、記録すること自体が、子ども理解、保育を読み解くことになります。即ち記録は、実践したことを、客観化する第一歩となり、記録することを通して、保育中には気づかなかったこと無意識にやっていたことに気づくのです」。

　評価基準をマニュアル化した自己点検のためのチェックリストが出回っていますが、それにはどんな意味があるのでしょうか？　それぞれの保育者が日々、自らの保育の記録を書くことで自分なりの保育を意識化し、反省、評価を積み重ね、子ども理解、すなわち子どもを読み解く力が養われていくのだと思います。決してマニュアルに従って評価が行われるだけであってはならないと思っています。

「子どもが帰った後、その日の保育が済んで先ずほっとするひと時。大切なのはそれからである。子どもと一緒にいる間は、自分のしていることを反省したり、考えたりする暇はない。(中略) ただ一心不乱。子どもが帰った後で、朝からのいろいろのことが思いかえされる。われながら、はっと顔の赤くなることもある。しまったと急に冷汗の流れ出ることもある。ああ済まないことをしたと、その子の顔が見えてくることもある。(中略) 大切なのは此の時である。此の反省を重ねている人だけが、真の保育者になれる。翌日は一歩進んだ保育者として再び子どもの方へはいりこんでいけるから。」(倉橋惣三選集第三巻 「育ての心」P51 フレーベル館)

　昭和6 (1931) 年、今から78年も前に倉橋惣三は「子どものこと、保育者としての一日の姿を振り返り、それを翌日に生かしていくことの大切さ」を述べています。記録を書くことで、保育の省察、そして次の計画作成へと生かされていくことに意味があります。

2）記録は仲間を繋ぐ

　記録にはもう一つの重要な意義があります。それは文章化することにより、自分の考えを他の人と共有しやすくするということです。自分の保育をより高めていくには、それぞれの考えを職場の仲間や保護者とわかりあうことです。文章化し、わかってもらってこそ発展があります。さらには日頃交わることができない知らない人への呼びかけにもなります。園の職員同士がよき仲間になるには、保育の日常をみんなで共有しあうことが必須です。それは、保育者が書いた記録や評価を基に職員間で議論しあい学びあうことを意味します。各クラスの課題についてみんなが関わりあい仲間と一緒に子どもの育ちや保育のあり方を考えあう、すなわちともに学びあってこそ園の活力が湧いてきます。

　本来子どもは、人と人が相互に信頼しあうつながりの中にあってこそ、快活に育っていきます。保育所は大勢の職員と子どもたちが、一日の大

半をともに暮らし合う場です。「職員みんなで、すべての子どもを育てる」という気風を、常に心がけてほしいものです。そしてその母体を園内研修などで育んでほしいのです。指針にもそのことに関して重要な記述があります。「日常の保育の記録が、保育士などの自己評価、さらに保育所としての自己評価に関連していきます。自らの保育実践の振り返りや職員相互の話し合いを通じて、専門性の向上及び保育の質の向上のための課題を明確にするとともに、保育所全体の保育の内容に関する認識を深めること」と、職員相互の話し合いの重要性を指摘し、さらにそこで明らかになった課題を、園全体の共通認識まで深めていくことを求めています。「自己評価」と「研修の充実」を車の両輪ように位置づけ、保育の質を高めていきたいものです。

第 **1** 章

日誌の書き方と評価

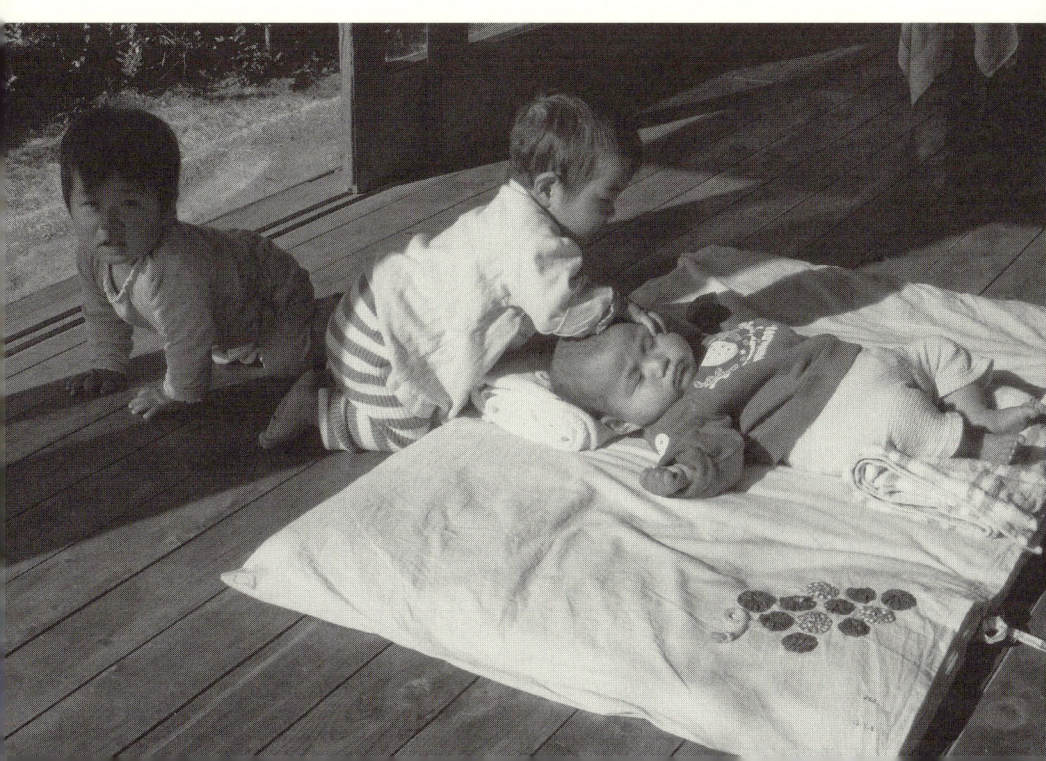

1　日誌の役割

　保育所の日誌には園長先生がつける業務日誌、保育者が自分の担当するクラスの保育実施状況について記録する保育日誌、給食担当者が食事の状況をつづる給食日誌、さらに最近では延長保育の状況を記述する延長保育日誌などがあります。それぞれの立場や役割から日々上記の日誌が記述されています。ここでは「保育日誌」を中心に日誌の役割や書き方について述べてみます。

（1）保育日誌を書くことは専門職としての保育者の職務

　保育者の仕事は、保育をすることだけでなく「保育の計画や記録を通して、自らの保育実践を振り返り、自己評価することを通してその専門性の向上や保育実践の改善に努めなければならない」（保育指針第4章2（1）保育士などの自己評価）。計画を踏まえ、常に保育が適切に進められているかどうかを把握し、次の保育の資料とするため、保育の経過や結果を記録する必要があります。つまり保育とは、計画を立て、実践し、それを記録し、評価する。その評価を基にまた計画を立てるという循環の中で発展していく営みといえましょう。日誌を書くことによって、子どもとの1日1日を真摯に受け止め、子どもと一緒に保育を創造していく姿勢。言い替えればプロとしての保育者は一人ひとりの子どもの1日を把握し、同時に自分の1日を振り返って今日のことを明日に生かすことができる人ではないでしょうか。

子どもの今のようすが具体的に見えてくると、その子にふさわしい指導や援助のあり方が見えてきます。今日1日の一人ひとりの子どもが見えることが、その日1日の保育が見えることです。とくに幼児の主体的な活動を中心とした生活を展開するためには、記録によって幼児の実態を把握しなければ保育が成り立ちません。子どもの実態に即した保育を展開し、子どもの育ちをしっかりと支えるための根拠が保育日誌といえます。

（2）日誌の様式について

　まず日誌に記述されなければならない最低限のことは何かを考えてみます。①保育した子どもの人数。これは欠席者の名前を記述することで保育した子どもは誰かがわかりますが、出席した子どもが一目でわかるようにするには32頁のように名簿に丸印をつけるのも一案でしょう。そして　②天候　③健康・安全（病気、怪我など）　④家庭との連絡　⑤保育のねらいと内容　⑥実践展開（保育の概要）　⑦反省と評価　などが一般的にどの日誌にも記述されてほしいものです。同じく32頁例3のように⑧保育体制、すなわちその時間帯に保育していた人は誰か（時差勤務別保育者名）を記述したり、⑨特記事項（苦情、保護者の保育参加など特に記述しておきたい事柄）の欄を設けているところもあります。
　また3歳未満児と3歳以上児では、その保育の特質上、当然様式が異なってきます。年齢が低ければ低いほど個人差が著しく、成長の度合も異なるので、個人別の記録が必要になります。まさに一人ひとりの育ちの記録です。この個人別記録には一人の子どもの1週間のようすが見通せるように1枚の紙に月曜日から土曜日までをつづったもの（34頁例4）と、その日に出席した子どもの様子を記述したもの（30頁例2）とあります。ただし個別の記録だけでは、たとえば複数の保育者がどのように保育にあたったのか、環境構成はどうしているか？　など、クラス運営

的なことが見えてこないため、日誌例（32頁例3）のように両方の視点から書くものが適切だと思っています。また、3歳以上児の日誌は、集団的視点で書くようになっていますが、特にその日に記録しておきたい個別の子どものことについても記述できるよう必ず個別欄を設ける必要があります。(71頁例1)

(3) 書き方のポイント

1) 視点を定めて書く

　限られた枠の中に書くべき必要な事柄を記述するためには、まずどこを書くか、何を書くか取捨選択をし、視点を絞ります。そしてタイトルをつけてみることをお勧めします。タイトルをつけることでだらだらと余計なことを書かなくなります。かつては時間の経過に沿って何をしたかという活動を羅列して書くことや、子どもの行動の結果だけの記述で終わってしまう書き方が多かったのですが、記録の簡素化、効率化を保育の質の低下にしないためにも、書くべき必要な事柄（ポイント）をしっかりつかみ記述することが求められます。子どもと一緒に作りだした実践を「今日はどこを書こうか」「何を書こうか」楽しみながら選択し記録していく習慣が身についていくことが望まれます。

2) 情景がわかるように具体的に描く

　連絡帳が、子どもの姿をそこにいない保護者にも見えてくるように、言い替えれば、保護者が保育の場に一緒に携わっているかのごとく書くことが何より意味を持つように、日誌も読み手がまるでＶＴＲでも見るようにその情景が伝わってくるような臨場感のある記述をすることが求められます。第三者が読んでいてつまらなくなる日誌は、保育の様子、子どもの姿が何も見えてこないものです。保育や子どもの情景を具体的に記述するには、前述の通りどこかに視点を絞るズーム描写をする必要

があります。「みんな元気だった」「大半の子どもはとてもよく遊んだ」「遊びがよく集中し、みんな生き生きとしていた」「思い通りにならないとすぐに怒り出す」「この頃おしゃべりが多くなってきた」「よくいたずらをし周りに迷惑をかける」と言った概括的、抽象的な書き方（パノラマ描写）になってしまうのは、日頃子どもたちの行動や活動を『元気によく遊んでいる』といった抽象的、概括的な見方をしてしまっている結果ではないでしょうか。視点（課題意識や関心）を持って見ることによって具体的に記述する力が養われていきます。

　また、ここぞと思った場面や活動での子どもたちの会話や、自分の言った言葉、その瞬間思ったことなどをそのままメモしておくことからはじめるだけで、パノラマ描写はさけられると思います。

3）子どもの姿をどう見て関わったか？　行為の意味を考える

　この記述こそ実践記録の本質的な要素といわれています。保育は、子どもの姿をどう見て関わったか？　その見方、関わり方によって結果は違ったものになっていくからです。

　たとえば2歳児の個人別日誌に次のような記述がありました。「M男は友だちの持っているものをいつも取ってしまう。なかなか言葉のやりとりができない」。友だちがもっているものをすぐに取ってしまうというM男の行為を保育者はどのように読み取ったのでしょう。またM男が"かして"とことばで言えるようになるには保育者のどんな援助が必要だと考えているのでしょうか。その保育者の見方、関わり方でM男の育ちは違ったものになってくるわけです。

　『M君はこのごろ友だちが遊んでいることに対して興味がでてきたようだ』と感じ「M君も○○ちゃんとおんなじことがしたかったの？」と子どもの思いを受け止め、行為の意味を言葉に置き換えやりとりしていくという、見えない保育の営みを大切にしていけば、M男は『そう、ぼくもおんなじことがしたかったの』と行為の意味を自覚し、やがて「し

たかった」という言葉を言えるようになっていきます。自分の保育をよく見つめていればこそ書けるところなのかもしれません。

　子どもの心の動きのありのままを受け止め、保育者も受け止めたことをていねいに返していく、子どもの内面を見つめ、保育者の思いや対応のありようを保育の場のあるがままとして描き出していくことで次なる新しい関わりが生まれます。それが記録の本質的要素、その保育者ならではの保育の創造になっていくことはいうまでもありません。

4）反省、評価を書く

　保育日誌の中で最も難しく、また今回の保育指針の一大ポイントともいえるものが「自己評価」です。詳しくは4章、5章を読んでいただくとして、ここでは反省評価のポイントについて個人記録、幼児の活動記録に分けて考えてみたいと思います。

　確かな評価はその子に（子どもたちに）何を育てるのか？　目標が明確になっていなければなりません。リアリテイのある目標があってこそ確実な評価ができるわけです。個人別記録においては、一人ひとりの子どもの発達のねらいが何であるか？を確認します。ねらいは願いです。子どもの願いと保育者、保護者の願いを重ね合わせた願いです。したがって複数の担任同士でそれを共通確認しあっているかどうかが問われます。三歳未満児の場合たいていは、個別のねらいは月案もしくは週案で立てられているはずです。それを念頭におきながら「生活態度や遊びの育ち、保育者や友達との関係、行為の意味すること、その子の願いが実現しているかどうか、保護者との連携がうまくはかれたかどうか」などを考え、そこから次なる課題（子どもの中にある光るもの、興味や関心の対象を引き出しながら）今後の具体的な援助のありようを見出していきます。

　次に幼児の活動の評価です。まず子どもたちの活動の姿から、
　①ねらいや内容は適切であったか？

②活動の導入や環境構成は子どもたちのやってみようという意欲や主体性を引き出せたか？（主体的な取り組みになっていたか？ 遊びの楽しさをどこに見出していたか？）
③幼児の姿からどのような育ちやめあて、課題などを読み取ることができたか？（夢中になって遊ぶなかで生じる学びの芽、活動における感情や思考の育ちなど）
④活動の意味は？ 不足な経験は？ 友達関係は？
⑤保育者は必要な援助をしていたか？ とくに悩んだり葛藤をしていた子どもへの援助がなされていたか？
⑥職員による協力体制（チームワーク）はとれていたか？
⑦次に必要な経験は何か？ 活動の連続性を意識しながら考察をする。

　個をとらえる視点と、全体の動きをとらえる視点がとくに重要になってきます。なぜなら一人ひとりを把握することで集団としての明日の保育展開が見えてくるからです。

（4）記録の生かし方

　忙しい生活の中でせっかく日誌をつけていてもそれが生かされていないと感じることはありませんか？ まずはいちばん身近な複数担任同士で保育を振り返るとき、または疑問が生じた時、その日の子どもの姿や保育について記録を基に話し合います。話がずれないためにも記録が意味をもってきます。話すことは自分の考えを整理し、まとめることです。すなわち日々生活を共有し合っている者同士がクラスの課題を自覚化し共有していくことです。そこで子どもとのかかわりが適切だったかどうか再確認でき、時には話し合うことで自分の考えを軌道修正し、視点を変えて自分の保育を見直すことができるようになります。子どものことを第一に、お互いに前向きに評価しあい、改善できるところは改め、次

の日からの保育につなげていきます。毎日でなくても週1回ぐらい定期的にそれを継続していけたら気持ちが通じ合い保育が楽しくなっていくのではないでしょうか。

　さらに園全体のカンファレンスで各クラスの日誌を検討しあい、子どもの理解を広げていきます。カンファレンスの意味は保育実践の改善と保育者間の関係性を高めることです。記録があればたとえそのクラスの保育を見ていない保育者にも記録を通して共通理解ができ、それぞれがそのクラスのことを、自分に身近な問題としてとらえてもらえるようになります。

　日誌を読みあうことでそれぞれの保育者がその時何に関心を持って見ていたか？　記録に残っていればこそリアルに伝わってきて、お互いの考えを広げていけます。また他人の見方を知ることで、幼児の言動の意味や自身の成長に気づかされ、保育を見る目を広げていくことができます。肝心なことはそこで職員の一人ひとりが、いかに気楽に自分の考えや意見を述べ合うことができるかです。まずはクラスの中で気楽に話し合いができていれば全体での話し合いはさほど大きな壁にはなりません。

　そのようにして園全体の乳幼児を保育者全体で見守っていく体制が生まれることこそ重要です。その土俵作りが園長や主任の役割であるとすれば、保育者が書く保育日誌は園内の共有の財産。日誌を公簿として残すことより、園全体で活用するところに大きな意義を見出すものです。記録を基に本音で語り合い、共に信頼しあう人と人とのつながりのなかで、子どもたちの健やかな育ちが促されていきます。そのような職員同士の関係を築いていくためにも、記録を基に意見交換をしあうこと、すなわち保育の日常をみんなで共有しあい子どもに対する理解を深めあっていくことが、今求められる保育園の最大の任務です。

2　0歳児クラスの日誌の書き方と評価

　乳児クラスの日誌にはいろいろな様式のものがあります。下の例のように、園生活の流れが見通せるようになっている日誌、一人の子どもを月曜日から土曜日まで1週間見通せるように書く日誌、クラスの様子を週日案用紙に書き、個別記録は別の用紙や児童表に書いていくというものなどさまざまです。いずれにしても個別の記述欄はどれもスペースが狭く、書くことが限られてしまうものがほとんどです。したがって、字数が少ない中で子どもの姿の記述だけに終わらせず、いかに保育者の関わりや考察・評価を記述していけるかが課題です。始めから書けないと決めてしまわず、書くべき必要な事柄を定め視点を絞ることで、保育者の関わりや、評価をはさみながら書けるようになります。以下の例に示されたいろいろな書き方をよく読み比べてみてください。

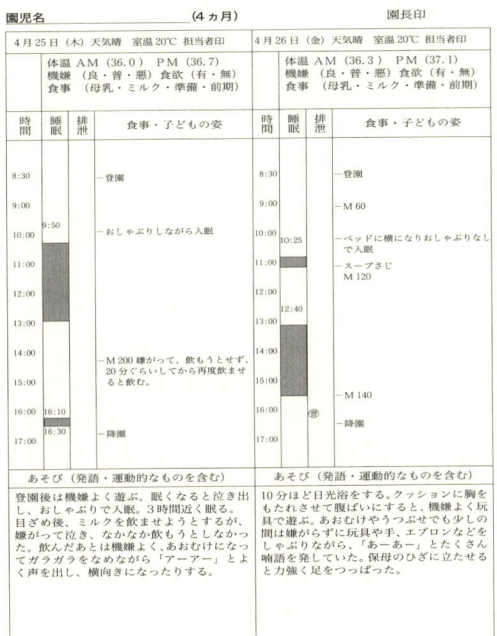

『保育に生かす記録の書き方』P76より転載

第1章　日誌の書き方と評価

例1　愛の園保育園　0歳児

つぼみ（ももグループ）		6月15日火曜日天気	出席		記録者		印	
		基本的生活			個人の記録			
A男		睡：おんぶで入眠したが、布団におろすと起きてしまい、30分おんぶで、やっと入眠する。			<人見知り>病休が長くかかり、久しぶりの登園ということもあるが、クラス担任以外の人に声をかけられると、じっと見ながら泣く。涙がでていないので、言葉の代わりに泣いて伝えているのだと思う。			
B男		食：人参のスティックは、握って出ている所を噛みちぎり、短くなるとお皿におき、つまんで食べた。			<散歩>担任が押すのとは別のバギーに乗ったので、のぞき込んで見るが、顔が合うとにっこり笑い、泣かないでのぞくのを楽しんでいた。担任もどうかな、と心配し見ていたので、安心した。			
C男		食：便がゆるいので、ミルク、野菜（かぼちゃ）、りんご煮にする。量が少ないが、欲しがらない。ちょっと心配。			<散歩>あちこち見たくて、体を横向きにしてよく見ている。動物の置物の所へくると、体を揺らせてはしゃぎ、「あーあー」と指を指す。「あったね、ワンワンだね」と声をかけると、うれしそう。			
D子		食：体調が良くなり、やっと普段の食事に戻す。欲しいものを指さしすると、それをスプーンで取ると、とてもよろこぶ。			<散歩>バギーに乗ると、次から次に指さしし、みかん、動物のおきもの、どこに何があるか覚えていて、大人に知らせたい、行きたいと思っているようで、「あ」「あ」と指を指す。			
E子		睡：昨日は朝5分、今日は布団で休憩のみにしてみる。ぐずぐずにもならず、今までのおんぶで入眠もトントンで寝るようになった。			<緊張>誕生日会のため、みんなのいるホールへ行くと、いつもと違う場所、周りの子どもの多さに驚いた様子で、緊張している顔。しかし、ぐずり泣くこともなく参加できた。			
F子		食：体調が良くなり食欲が出てきたのか、ミルク、食事ともよく食べる。イスに座ることも慣れてきたようで、時間が長くなる。			<誕生会>来月の誕生会にそなえて、一緒にホールへ行く。両ひざが他の子どもでうまって、座れなくても、㊥が隣に座っているだけで泣かずに機嫌良く、お祈りも手をパチパチして参加していた。			
G子		食：おなかの調子がよくなり、よく食べる。食べたい物を指さしして要求する。他の物がくると手でおしのけ、欲しいものを食べる。完食。			<散歩>お散歩になると、室内での不安気な表情がなくなり、にこにこになり、動物の置物の所などは覚えていて、そちらの方向をのぞくようにする。外に出るとリラックスするようだ。			
H男		睡：午前寝がうとうと、ぐずぐずだったが、眠れずに、早めに午睡に。寝から寝の間隔があいてきた。			<一瞬>BOXにつかまって立ち、ぱっと手を離して立つことがある。とても得意そうでうれしそう。だが、よく転ぶので注意して近くで見守る。			
I男		食：テーブルをぱんぱんたたいてせかす。ミルクも120のみほすと、もっと欲しいようす。			<早起きしたら>午睡から早くに目覚め、ベビーチェアーに座って、布ボールをケタケタ笑いながら下に落として遊ぶ。他児が眠っているので、大人の目が本児に注目。平常は一人でおとなしい印象だが、午睡後は実に楽しそう。うれしい表情。意識して接して行きたい。			
今日の保育		散歩に出る時に、入眠時間で早く帰るグループと、ゆっくり散歩のグループに分かれて出たが、結局子どもの様子で、眠そうになったりしていたので、一緒に帰ることになった。						
健康		C男…下痢　2回			特記			

例1　個別を主にし、クラス運営的なものを添えている日誌

コメント1　子どもの名前を書く欄に、その子の年月齢が記入されるようになると記録内容がより明確に伝わります。日誌の用紙には（　歳ヵ月）と印刷し毎日その月齢を記入していきます。面倒でも保育者がしっかり覚えられるメリットが大きいです。

コメント2　基本的生活（健康、食事、睡眠、排泄、清潔）について、5つの項目の何を書くか、どこを書くか選択し記述するようになっています。D子の（食）「ほしいものを指さしし、それをスプーンで取るととても喜ぶ」という記述、自分の要求を指で指し示す行為が成立していること、またそれが保育者に伝わるととても喜ぶという記述から、子どもと保育者の目に見えない心のやりとりが成立していてほほえましく感じます。基本的生活に関する事柄は、食べた量（多、少）、何を食べたか（食材を記入する）、何時間眠ったかなどメモのように記入していくところが多いのですが、この例にあるように保育の営みとして記述することによって生活が見えてきます。それに何といっても保育者の関わり、養護のあり方によって子どもの生活ぶりは変わってきますから。

コメント3　書くスペースが十分あるわけではありませんが、書きたい事柄にタイトルをつけ、簡潔かつ具体的な表現になっています（波線部分）。保育者の子どもへの温かいまなざしが感じられるのは、関わりが書かれているからだと思います。短い文章の中にも保育者の関わりを書くことで相互信頼が養われていく様子が伝わってきます。

コメント4　クラス運営的な記述をする欄が簡単すぎます。とくに1日の保育を振り返り、クラスとしてぜひ書き残しておきたいと思ったことはなかったのでしょうか？　経過報告ではなく保育の展開を書くことで、反省・評価を記述できるようになります。子どもの成長をよく見つめ、そのためにもっとよい方法はないかと考えあうことが評価です。クラス運営の記述においても振り返りと評価は意味をもってきます。

例2　　　　　　　　　　　保育日誌　　　　　　0歳児クラス

1月19日月曜日	天候　くもりのち晴れ 気温（19℃）	園長印		担任印	

保育の様子	保育のねらい
天気が良く、暖かったので、長時間外で遊んだ。砂場やコンビカー等でずっと皆遊んでいた。	外で、氷や霜柱等に触れて遊ぶ。
	保育の評価
	氷や霜柱に触れて遊ぶことはできなかったが、長時間外で遊ぶことが出来た。

名前	体温	排泄	食事	睡眠	子どもの姿（気付き・発見）
A子	36.5 37.1		◎	11:40～ 14:45	F男さんが園庭のはじっこで遊んでいると、A子さんが近づいていき一緒にマネをしながら楽しんでいた。
B子	36.4 37.4	○	◎	11:45～ 14:20	G子さんと一緒にコンビカーを押して歩いたりしていた。室内でも「Gちゃんいこう」と誘い一緒に遊んでいた。
C子					欠（風邪）
D子	36.2 36.4			11:40～ 14:30	指をくわえて、ふらふら歩くことが多く、何か遊びに誘っても、すぐ、どこかへ行ってしまった。
E子	36.2 36.9	◎ 2回目 ゆるめ		12:35～ 14:20	三輪車が気に入り、しばらく乗っていた。少し高めで足がつかなかったが、それでもまたがっていた。
F男	36.8 37.0		○	11:55～ 14:25	週末から園庭のはじっこのプランターの石で遊ぶのが気に入り、今日もプランターに石を入れたり出したりして遊んでいた。
G子	36.1 36.5		○	12:25～ 15:05	B子さんと一緒にいることが多く、室内でも2人で遊んでいたり、外でもコンビカーを押して歩いていた。
H子	37.0 36.8	○ ゆるめ	○	12:20～ 14:35	初めは、ご機嫌良く遊んでいたが途中で眠くなってしまったのか、グズり始めたが、気分転換に三角塔に行くと再び遊んでいた。
I男	36.6 36.8			12:15～ 14:40	初め、砂場で遊んでいたが、友達がコンビカーに乗り始めると、I男さんもコンビカーに乗り、保育者に押してもらっていた。

食事記号　◎よくたべた　○ふつう　△あまりたべない　▲たべない

例2　クラス運営的なものを主とした日誌

コメント1　その日の保育の営み（様子）をまず記入する欄があり、さらにその日の保育のねらいと評価を押さえて記述するようになっていて、クラス運営的なことを書く様式としては適切だと思います。しかし書き方が概括的で子どもの様子が伝わってきません。長時間外で遊んだ→実際には何時間何分位だったのか？　ずっと、皆遊んでいた→この記述も抽象的です。砂場での遊びはなんだったのでしょう？　子どもたちは今砂場遊びのどんなことに興味を持っているのでしょう？

コメント2　保育の評価→氷や霜柱にふれてあそぶことはできなかったと書かれていますがそれはなぜだったか？　天候の加減だったのか、子どもたちの興味関心がなかったからなのか、その理由を考えることでその日のねらいは果して適切だったか否かが評価ができるようになります。

コメント3　名前の下に年月齢を入れる（例1　コメント1参照）。

コメント4　この日誌で一番残念なことが排泄、食事、睡眠について書くところがメモ（◎や○での記号で記入）になってしまっていることです。例1と比較してみてください。

　生活習慣も保育者の見方、関わりのありようでその育ちは違ったものになってくるはずです。たとえば「食事―配膳していると待ってましたとばかり手を出し食べ始める。食欲旺盛である。保育者がスプーンを持つよう促しても振り払う。今はとにかく一人で手掴みで食べたい思いが強いようなので"一人で食べるの楽しいね"と伝え喜びを共にしている。手では食べられないものをなるべくスプーンを使うよう促していく」など書けば、その子の食事の様子、保育者の思いが伝わってきます。それによって反省点や今後の援助のあり方も予測できるようになります。

コメント5　D子さん→ふらふら歩くことが多く→保育者はその行為をどう見、その理由をどうとらえているのでしょうか？　それを考えると援助のありようが自ずからつかめるようになります。

例3　バオバブ霧が丘保育園　ちょうちょ組日誌（0歳児）

11月27日（月）天候晴			在籍児童数	出席児童数	欠席児童数	記録者	園長印
			9人	7人	2人		
保健関係			職員体制	7:30　S保育士		9:30　K保育士	
				8:00　M保育士		10:30	
				8:30　H保育士			
児童名	出欠	個人記録	朝の様子				
Y・M子 H18.9.13	○	散歩車にのり神社に行く。犬や鳩など生き物を見つけると嬉しそうに"アッアッ"と指さしする	朝の合同は兄姉が一緒にいてくれていることでおちついてきた。今日は泣きもなくよく遊んでいた。Rくんはひよこ組にくることを嫌がり、兄の後追いをする。Yくんは朝の受け入れで泣く。休みあけは別れがたいよう。				
M・Y男 H18.8.21	○	「のりもの」絵本を開きパトカーを指さし"エッエッ"と訴える。のりものが好きなようだ	主な活動（午前） ・子ども同士さそいあってあそぶ姿が出てきた。「おー」と相手を呼び、手まねきする（M子、S子）。とんとんと肩をたたいて呼ぶ（R男）。指さしで共感を求める（S子、Y男）。 9:15　おやつ…おちついて遊べていたので、担任は子どもと一緒に居るようにし、おやつの準備は遅番のK㊞におねがいした。遊びが一段落した子からテーブルに着く。 9:30　シール貼り…紙を電車の形に切ってそこにシールを貼るようにする。紙に貼るのは難しいようで、自分の顔、つくえにペタペタ貼っていた。 10:00　散歩に出て留守になった2歳クラスへ遊びに行く…男の子たちはプラレールでよく遊んでいた。女の子はおままごとコーナーに集まっていた。 10:40　食事				
T・R男 H18.7.26	欠 （発熱）	風邪ぎみ　帰宅後、昨夕より82°熱が出たとの連絡あり					
K・H子 H18.7.21	○	他児に関心がめばえているようで、他の子の動作をよくまねするようになった。					
T・N子 H18.6.14	○	気に入ったモノ（動物のぬいぐるみ）を手にもったまま歩きまわっても、ころばなくなった。					
T・R子 H18.6.3	○	散歩先で犬を指さし「ワンワン」と言う。猫を見ても「ワンワン」である。「ねこちゃんだね」というと、うんうんとうなづく。	ふりかえり ・Yくんがおちゃわんとスプーンを持ってソファーに座っていると、M子さん、H子ちゃん、Eくんが続いておちゃわんを持って座っている。お互いに顔を見合わせうれしそう。みんなで1つの遊びを楽しんだり、楽しい、嬉しい気持ちを相手にも共感してほしいようすがある。 ・へやでも少人数にわかれてじっくり遊んでいる。おとなが散らばり、動かないように気をつけると担当㊞のところに自然とわかれてすごしている。				
O・M子 H18.5.12	○	H子ちゃんがM子のもっていたおちゃわんをとろうとすると「いやっ」と怒って手をひっこめる。「いや」が言えるようになった。					
Y・S子 H18.4.13	欠	（家の都合）					
S・E男 H18.4.2	○	飛行機の音で空を見上げ「コーキコーキ」と喜ぶ。「そうだね。Eくんひこーきすきだね」と㊞が話すと両手を広げてひこーきのかっこうをする。	午後の様子 夕方5時すぎになると、Y男、R子がぐずりだし機嫌がわるくなる。2人がいっしょに保育者の膝に座ると相手を押したり、たたこうとしトラブルになる。				

例3　日誌の必要事項がもれなく記述できるようになっている様式

コメント1　保育日誌に記載したいと園独自で考えている最低限必要な項目が取り入れられています。保育した子どもの氏名、保育体制（時差勤務別担任保育者氏名）、保健関係、保育の概要（午後の様子も記述する）などです。長時間保育になるので子どもの人数確認、誰が保育にあたっているかなど、保育体制までしっかり記入できるようになっているのはユニークだと思います。そのうえ1日のクラスの生活の様子が見えてきます。難を言えば個人記述欄が小さすぎることでしょう。しかし連絡帳などで毎日個人記録を書いているので、両方を活用していくことも考えられます。保育運営をきちんと記録していくうえでとても参考になるものだと思います。

コメント2　主な活動の記述が、時間の流れに沿って書かれていますが、その必要はないように思います。午前中の活動の中で保育者がぜひ書き残しておきたいと感じた活動の展開に絞って、視点を定めて記述するようにしたほうがよいのではないでしょうか。その活動に対する振り返り（評価）のスペースが設定されていますから、上記の活動に対する評価を書いてほしいです。ふだんから積み上げている保育実践を指導計画などと対比させながら記録を書くという主旨が伝わってくる様式です。計画→実践→記録・評価→計画というように保育のサイクルを動かしていくことをねらいに作成されているものだと思います。その主な活動、振り返りの書き方が変われば有意義な日誌になると考えられます。

＊バオバブ霧が丘保育園のもとの日誌の［個人記録］は、別の用紙に記載するようになっていましたが、筆者が園の了解をいただき、これを参考に個人記録欄を入れて作ってみました。したがって書かれている内容は園のものではありません。

例4　　　　　　　　　　　個人日誌　　　　　　　　（0歳児クラス）

		大村太郎（仮名）　1才3ヶ月	担当	園長印

	生　活	あ　そ　び
10月16日(月)	情緒）朝から何となくイライラした感じである。ベットのすきまに持っていた玉がころがっていくと誰も取ろうとしていないのに怒り大声を出しながら取りにいっている。 食）コーンスープのスープしか食べなかった。	朝から機嫌がわるい。2F、園庭、ホール、など気分を変えようとしてみたがどこも長続きしないので部屋に戻る。幼児クラスの遊びを抱っこで見ている時は落ち着いていた。ひざに座り、たいこを叩いたり、他児の遊びをみたりでやっと落ちつき、自分から膝を離れ、歩きだす。月曜日の午前中は相変わらず本調子が出てこない。
10月17日(火)	食）食欲がないのか？眠いのか？昼食は、あじのたつた揚げとみそ汁のスープのみしか食べない。他児のお皿をのぞき、何か自分の気に入ったものはないか、さがしている。ここの所、気にいったものしか食べなくなっている。	・棚の奥にオモチャのけいたい電話をしまって、時々それを取りにきたりして喜んでいる。㊩とお互いに電話を持って「〇〇ちゃんですか？もしもし」と㊩が言うと「はい」と言っていた。 ・神社で㊩が「ヨーイ、ドン」と言うと、走り出す。㊩の後をついて楽しそうに走っていた。
10月18日(水)	食）ごはんがほとんどすすまない。マカロニサラダもマカロニのみを自分で手でつまんで食べている。食べている物も介助してすすめるとほとんど口を開けず、マイペースで食べ、ひと通り好きな物がなくなると、「もうおしまいにする」といわんばかりに椅子からはなれそようとす。	・㊩と箱ブロックを積んで遊ぶ。本児が1ヶずつ㊩に渡し、㊩が積む流れで遊ぶ。「こんどはTくんが積んでね」と交替すると3ヶまでつんで手を叩く。
10月19日(木)	食）スープ、パンのみ食べる。他は全く口にしない。食後布団に入るとすぐに眠ってしまうが、食べないのは眠いだけではないと感じる。他児や㊩が食べているのを見せたり、小さくして少量をすすめたりするが全く口を開けない。おやつの量を減らしたりはしている（おかわりをしない等）	少人数で遊んでみると、箱をつんだり、崩したり、コルクを鍋に入れてレンゲでかきまぜたり、すくったり、他の器に移したりととてもよく遊べている。うまくいくと「オー」と言ってニコニコ拍手をしたり、物が倒れると「あ〜あ」など言葉もついてきている。
10月20日(金)	食）真先に眠くなってしまうので、食べられる物をと魚を出すと、すぐにペロリと食べてしまう。うどんは介助されて、ほぼ食べ終えた頃、目は、閉じそうになっていた。春雨以外は食べられたのでよかった。	コルク積木を2つ積むと㊩の顔を見て「ほら積めたよ」といわんばかりに自分のやったことを知らせる。自分でできる喜びを味わいたいし、㊩にもいっしょに喜んでもらいたいという思いがつたわってくる。「高い高いだね」と㊩が話すとうれしそうにうんうんとうなづき、もっと積み上げてみようと挑戦する
10月21日(土)	休	

例4　一人の子どもの生活が１週間見通せる個人日誌

コメント１　一人の子どもの１週間の生活ぶりが書かれているので、日々の生活の連続性が伝わってきて読んでいて面白いです。この週はとくに食事に関して保育者の思いが集中していることも理解できます。まさに一人ひとりの子どもの物語りが描かれていくようです。この度の改定指針ではとくに「発達の連続性」が提唱されましたが、なぜ連続性が大切なのかが読んでいくだけで伝わってきます。子どもを点として見るのでなく線として見ることでいつの間にか、自然にその子の内面が感じ取れるようになるから不思議です。

　個別記録としてこのような様式のものが子どもの発達理解のうえでとても貴重だと思います。が、これだけでは０歳児クラスの日誌にはなりません。この他に別紙でクラス運営について記述するものが必要です。

コメント２　10月20日あそび→１歳３か月の太郎くん　自分の力でやれることを一つ一つ大好きな保育者に共感してほしいと訴えています。この共感の喜びが『もっとやってみよう』という心のバネになるのでしょう。１歳のこの時期、自分を見ていてくれる大好きな大人の存在によって、子どもは自分の力で新しいことに挑戦し発達していく様子が伝わってきます。

　これだけのスペースでも子どもの姿を生き生きと、保育者の関わりや思いも込めて記述できるのはなぜなのでしょうか？　保育の実践と反省・評価は切り離すことができません。子どもと関わっている最中にも保育者は、子どもの行動の意味を読み取り、それに応答しています。さらに子どもと関わっている自分の姿をも見つめながら保育をしています。すなわち保育をしながらも振り返る・自分を見つめるもう一人の自分が存在していることを意味します。第三の視点（13頁参照）が書くことで豊かに育っていくその結果ではないでしょうか。

例5　ひまわり保育園　0．1．2歳児週案及び保育日誌

12月8日〜12日	曜日	行事・活動・環境構成及び配慮点	
先週の子どもの姿と反省 先々週の金曜より、下痢や嘔吐が出始めた。病院での診断はかぜによるものという子もいた。A男はウィルス性胃腸炎で1週間休み、高熱の出たB男はアデノウィルスであった。体調悪くほとんど外に出ていないので、体調の良い子だけでも出ればよかった。大人の言ってることが、うまく伝わっていないと思える場面があった。ていねいに声かけ（行為の前）をやっていく。	12/8 月 天気 くもり 時々雨	簡単なリズムあそび、わらべうた、ふれ合いあそびをたのしむ。保育者といっしょにからだを動かしたり（まねっこしたり、リズムをとる）1対1や数人でたのしくあそぼう。ミルク缶やダンボールのたいこ㊩のうたに合わせトントンたたいてたのしむ。	どんより雲って時折小雨が入れるが、ほとんど床暖房かい。空気の乾燥も少なくや"足ぶみタンタン"などのしそうに踊っていた。まひっくり返りそうなくらいたいが、このように何人か
	9 火 天気 雨のちくもり	体調をみながら園庭であそぶ。絵本をゆったりとみる／たいこトントンやリズムあそびをする。体調のよい子は防寒をし園庭であそぶ。枯れ葉、砂をさわったり、くじらのすべり台、ウロウロ探索してまわる。好きなあそびをたのしむ。危険のないように見る。	雨が降っていたので、外へとしなど行った（保育室と缶のたいこをたたいてあそう。朝からE男『ピョーーン』「かえるもピョーン」ねこニャーニャーは「ニャ」に顔をみる。よみ終わるとにしたいと思った。今日は
子どもの生活と遊び 保育者の援助と配慮 ・ひき続き体調に注意し、健康状態をみていく（熱、咳、はな水、下痢、嘔吐、耳だれなど） ・行為の前の声かけ→これから何をするか見通し、行為とことばにつなげる。 どの子もていねいにやっていくが気になる子は特に顔を見てゆっくり意識してはっきりとことばをかけ伝える。 ・＜高月齢＞　便器、オマルに誘ってみる。午睡前後などオムツがぬれてない時「おしっこ行こうか」と誘ってみる。無理強いはしない。必ず側について「シーシー出るかな」など声をかける。転倒しないよう注意。 ・個別に好きな絵本をみる 絵本棚から絵本をもってきて（好きな絵本のある子もいる）「アッアー」と言ったり、㊩のひざや前に座り「ヨンデー」と催促するおもいを受けとめ、できるだけ1対1でいっしょに見ていく。 ・わらべうた、簡単なリズムあそびを㊩といっしょにたのしむ。	10 水 天気 晴	ポットン落とし、シールはがしなど、1対1でじっくりあそぶ。天気が良ければ、ベビーカー散歩車で近くをブラブラする。広場でリズムあそびやプラフォーミング。牛乳パックであそぶ。	広場できのうと同様、リズミルク缶など㊩がうたいなきほとんどの子どもたちして、まだ両足とびはできばし嬉しそうにする姿は見ーカーで園の前を少しし回した。日頃から準備を
	11 木 天気 晴一時雨	あひる広場でカタカタ押しやマットの山、トンネルなどハイハイしたり、あちこち歩いたり探索をたのしむ。すべり台、マット／ぶつかったり、ひっくり返ったりしないようによく見ておく。マット座り、ハイハイなどいっしょにする。	マットの山やすべり台を出したり、反対側から登るな「Oちゃんがのぼるから0しないようしっかり見てなり激しくてドーンと押しのはいいのだが、ギュッと嫌がってびっくりして泣ってもよけい怒って物を投
	12 金 天気 晴	体調をみて園庭で好きなあそびをたのしむ。あちこち動きまわって探索する。砂や枯れ葉に触れ、感触をたのしんだり、容器に出し入れしてあそぶ。好きなあそびをじっくりたのしめるよう見守る。2名誕生会へ。ベビーカーで園庭を散歩する。	T保育士が誕生会の出し物や眠くなる子もいて、園策した。ベビーカーでの散よかった。誕生会メニューった J男も、今日は肉をかにもよるのか、眠いのか、
	家庭との連携・教材等 体調のよくない子も多かった。一人ひとり健康状態をよく見て、連絡帳や、登降園時、保護者と連絡をとり合う。		

注）ゴチック文字は、予定外の活動を記入したもの

園長	副園長	主任	担任
			西元郷子

子どもの姿や気づきと保育の反省	備考 個人		欠席児
降る。朝から床暖房を入れ、部屋が暖まるまでエアコンを少しで足元から部屋中ほんわか暖かく、消しても20〜30分はまだ暖、赤ちゃんにとっていいなと実感する。"頭、肩、ひざポン"広場で行う。月齢の高いC子、D子は保育者の真似をして、ただ歩けないB男はスポンジ積木に座り、ピョンピョンとびはね、リズムにのって大喜びだった。1対1でのかかわりも大切にしでたのしめるあそびもやっていきたい。			A男（ウィルス性胃腸炎による下痢）
は出られず室内であそぶ。ゆったり絵本を見たり、ポットン落しひよこルームにわかれる）。その後、広場で段ボール乗りやミルクぶ。最近とてもどの子も絵本をみるのが好きになったように思』の絵本をもってきて、ページをめくりながら「ワンワンピョなど1対1でじっくりかかわれた。犬ワンワンは「ワウー」、ー」らしき発音をする。私が何か言うと、パッと確認するよう「アッアー」と顔をみて催促するように10分近く見た。こんな時間大切久しぶりに全員出席でウンチ・寝かしつけなどバタバタした。	F男 E男	オムツ換え。自分で交換台にゴロンと上向きになるきのう、今日と担当の㊗️の後追いしたり機嫌の悪いことが多い	なし
ムあそびやたいとトントンをする。牛乳パックのサークルや、がらたたくと、高月齢児はうたを覚え、どうするのかわかってがトントンたたいて喜んでいた。足ぶみタンタンも㊗️の真似をないのだが、気持ちだけはとんでいるように、からだを曲げ伸ているだけでもかわいかった。体調のよい4人は4人乗りベビだがウロウロした。きのう、今日と同じような活動になってしていろいろ考えておかないといけないと反省。	G子 H子 E男	オムツ換え。台に座ると自分でそのままうしろにゴロンとなった。AM家庭保育12:30〜16:15保育F男の真似をして牛乳パックを押す	なし
すと、4〜5人すべり台にきて、登り口で人を押しのけようとする。その都度、何度も「こっちからシュ〜ってすべろうね」ちゃんの次ね」などくり返しくり返し伝えていく。押して転倒くが、一度にくるとやはり大変だ。ここ数日I子の自己主張がかいる。自分より月齢の低い子が好きで「スキ〜」と抱きつく頭や首に抱きついたり、はがいじめのようにうしろからする。のに離さない。「いやだって言ってるよ」「はなしてね」と言げたりひっくり返ったり。	I子 J男	叱るのでなく、ダメやしないでとできるだけ禁止語よりしてほしいことを伝える。「離してね」「嫌だってよ」大人がモデルとなる声がけを。今週食事の時、ボ〜ッとしたり落ちつかず、様子みる。	なし
をする為、誕生会へ行き、2名いっしょに上がる。K男のミル庭に出てあそばず、ベビーカーで数人園庭をゆったりまわり散歩であったが、ゆったりとした時間がもて、気分転換にもなりで、骨つきとりの唐揚げが出た。今週食事の時、落ち着かなかじることに集中し、落ちついて食べていてよかった。メニュー生活リズムも見直して担任間で話してみたい。			M子発熱
牛乳パックサークル、ミルク缶のたいこ、ポットン落とし絵本「ピョーン」「おつむてんてん」「ねないこだれだ」わらべうた「こっちのたんぽ」「せっくんぼ」「はなちゃん」			

第1章　日誌の書き方と評価

例5　週日案（日誌）

　例4が一人の子どもの一週間の様子が読み取れる（個人）日誌であるのに対して、これはクラスの一週間の生活の様子が一目できるものです。さらに週案も兼ねていますから「計画（ねらい）→実践→記録・評価」と連動して、構造的に保育を見据え実践・評価していくことが可能です。ただ全員の子どもたちの個人記録ではなく、個別に何か書きだしておく必要がある子どもだけ書くようになっているのが惜しいです。しかしながら前にも述べましたが、一人ひとりの記録は、連絡帳や児童票にも書いていますからそれらの記録との関連で考えればよいのかもしれません。

　さらにこの週日案の特徴は、計画通り保育が展開しなかったときどうしたか？　活動のところに変更した活動を赤でわかるように、書き込んでいることです（ゴシック文字部分）。指導計画をたてっぱなしにせず、日々保育を検証させている点です。計画通りにいかないのが保育です。だからといってその場限りの場当たり的な保育に流されないよう指導計画にその日行われた活動を赤で残し、評価していくことも不可欠です。

コメント1　週案であればやはりその週のねらいが必要です。左隅の上あたりに（日程が入っているスペース）ねらいを立てて記述するといいのではないでしょうか。

コメント2　その週の欠席児が記述されているので子どもたちの出席状況がよくわかります。たとえば風邪で休み始めた子どもが何日欠席か？　など複数の保育者の誰にも健康状態が理解できることは重要なことです。

コメント3　週の「子どもの生活と遊び」欄に保育者の援助のあり方などが記述されているため、一人ひとりの子どもへのかかわりが意識的にやり取りされています。11日（木）I子の自己主張についての保育者の考察・評価の部分です。"だめ"や"しないで"という禁止語よりして

ほしいことを伝える。"離してね""いやだってよ"」など具体的な保育者の言動が記述されることで、今後どう子どもと応答すればよいかの確認ができてきます。これが、今後の方針を打ち出していく作業としての評価です。子どもに向ける思いや姿勢がよく伝わり、複数の保育者同士が日誌を読みあっていったら若い保育者にも良い学びになるのではないかと思います。その日の保育がきちんと見えてくるとそれが明日につながっていくことが表現されています。そういう意味で日々の日誌は明日への道しるべと言えるのではないでしょうか。

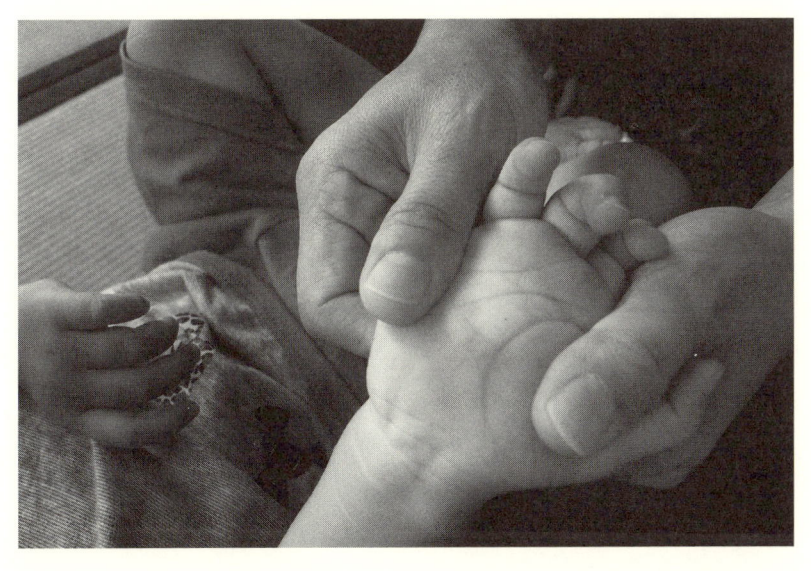

3　1歳児クラスの日誌の書き方と評価

　0歳児の時と同様、1歳児クラスにおいても、その日のクラス運営について述べたものと個別の日誌、その両方から（二本立てで）書かれたものが必要です。

例1　新人保育者のクラス日誌

コメント1　活動の導入として「なぜ、どのように新聞紙のボール作りを始めたのか」を記述すると、子どもたちの姿がもっと浮き彫りになり見えてきたのではないでしょうか。

コメント2　「評価と反省」では保育者の予想に反する子どもなりの発想にズレの面白さを感じ取った新人保育者らしい思いが伝わってきます。ところで、活動のねらいはなんだったのでしょう？　それが書かれていないため保育者の意図が見えてこないのは残念です。
　多くの子ども（具体的に何人ぐらいをさすか？）が新聞あそびに熱中したのは、わずか5分だったという記述がありましたが、そのことを保育者はどう感じたのでしょうか？　わずか5分しか楽しめなかった理由はなんだったのでしょう？　発達年齢に応じた活動だったのでしょうか？　などいろいろ考えていくと、次なる意図する活動展開のヒントがつかめていくのではないでしょうか。

コメント3　感じたことを率直に表現しているところは好感が持てます。

例1　汐入こども園　保育日誌（1歳児）　担任　関　大輔

5月14日水曜日 天候雨のちくもり	出席　9名 欠席　1名	園長印	担任印
視診及び園児状 病欠　F子 ------------------ 鼻水　A男、T男、Y男	子どもの姿		
	新聞紙を丸めてボールを作って遊んでみた。A男、C子らは、新聞を丸めてボールらしくしていたが、月齢の低い子にとっては難しいようであった。 C子は新聞紙のボールを箱に入れて、スプーンですくって楽しんでいて、それにT男らも加わった。 他の遊びに移っていたA男、R男、K男らは3人で手をつなぎ部屋の中を動いていて、周りの友だちへの認識がはっきりしてきたのだと思った。 N子が先週よりも長く立つようになる。		
実際の活動 部屋の中で好きな遊びをしてくつろぐ。 （新聞紙を丸めてボールにして遊ぶ）			
食事状況 パンはおかわりをしてよく食べた。 コロッケも喫食状況がよかった。	保育の評価と反省		
	新聞紙を丸めてボールを作ったが月齢の低い子は丸めるのが難しく、保育者の援助が必要であった。また、子どもがボールを投げて遊ぶのを予想していたが、バケツに集めたり、箱に入れてお料理の模倣をしたりと、違った反応を見ることができた。多くの子どもが熱中できたのは5分程であったが、子どもの好きな遊びをするという保育目標の中で、遊びを提供することもやっていきたい。		
家庭連絡及び特記事項 K…母の入院が延びる 　（当初、金曜日一週間で退院 　　の予定であった。祖母より）			

例2　　　　　　　　　1歳児クラス　週案・日誌
　　　　　　2年目の保育士が書いた日誌　アンジェリカ保育園芝浦園

氏名	Sくん		2歳0ヶ月	記録者	方山	園長印	
保育士の評価・反省				家庭と連携・その他			

月日	検温	生　活	あそび
6／2 (月)	休み		
6／3 (火)	35.7 (8:15) 35.8 (14:30)	食事前おまるに誘ったが「イヤ」と言うので、紙パンツを履こうとすると、他児がおまるに座っているのを見て、「Sくんも！」と自分から座りたがった。他の子が座っているのを見て刺激を受けたようだ。	体操の時に手足を振っていると「せんせーこわーい」と言ってくる。怖いと言っているわりにはとても楽しそうな顔で言ってくるので、「どうしてー」と追いかけると「キャー」と嬉しそうに逃げる。相手にしてほしかったようだ。
6／4 (水)	36.1 (8:10) 36.1 (14:10)	食事が終わり、着替えに行こうとするが、保育士が誰もいなかったからか「せんせーいこう」と誘われる。隣で見ていてほしかったようで、一緒に行くが自分でズボンを履いていた。見守ってほしいという思いがあったようだ。	散歩の帰り、「歩いて帰ろうか」と声をかけると何も言っていないのにお友達と手を繋いで歩き始める。お友達に少しリードされながらだが、しっかりとした足どりで保育士の後ろについてこれた。そろそろ手を繋いで歩いての散歩もできそうだ。
6／5 (木)	35.4 (7:50) 36.0 (14:35)	登園児父と一緒にいる時に「おいで」と声をかけると泣きそうになる。抱っこして入室しようと思うが、泣くのをガマンして歩いて入ってきた。「お兄さんだね」と声をかけると甘えて保育士の膝に座る。	牛乳パックのイスに座って皿をハンドルに見立てて車ごっこを楽しむ。他の車やイスも一列にまっすぐに並べて先頭に座り、本当の運転手さんのように見えた。
6／6 (金)	36.2 (8:15) 36.0 (14:40)	靴下を自分で履こうとしていたが、できず何度も挑戦する。保育士の所へ持ってきたのでやってあげると怒ってしまう。全部ではなく、自分のできないところを補助してほしいという事だったようだ。	ザルを「ぼうし」と言ってかぶり、洗剤スプーンを両手で持ち、お手玉をボールに見立てて、「ゴルフ」と言いながら打つ。ちゃんとボールの前まで洗剤スプーンを近づけて距離を確認してからのスウィング。父親の姿を見て覚えたのだろうか、すごくいいスウィングをしていておもしろかった。
6／7 (土)	休み		
6／8 (日)	休み		

例2　子どもを楽しんで見ている日誌

　なぜか読んでいるとほっと心が温まる日誌です。なぜなのでしょう？短い記述の中に子どもの姿だけでなく、保育者の子どもへのあったかい見方、関わり方、子どもへの肯定的な評価までさりげなく表現されています。4日、5日、6日の遊びの記録などはほんの一瞬の行為の読み取りです。書きとめなければ消えてしまうような行為にピントをあわせ、楽しげにシャッターを切っています。まだ経験二年目の保育者だと聞いていますが、よく子どもの瞬時瞬時の行為を見ています。若いのになぜ？　と私なりにそのわけを考えてみました。「子どもを楽しんで見ている」に尽きるのではないでしょうか。子どもは存在するだけでまわりを幸福にします。『そんなあなたたちと一緒にいられるだけで私は幸せ…』そのようなメッセージを心に秘めながら保育していらっしゃるからなのでしょうか？

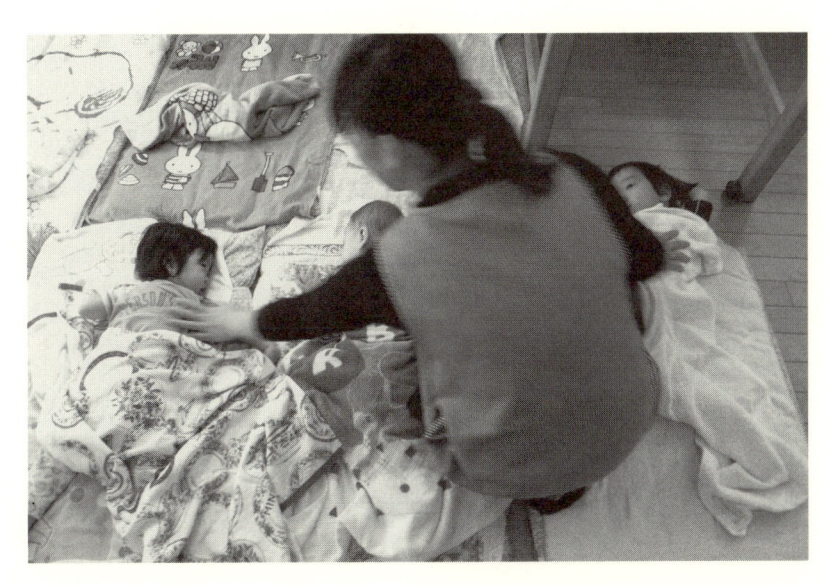

例3　　　　　　　もも ぐみ（1歳児高月齢グループ）日誌

在籍	男7名 女9名 } 16名	出席	男6名 女7名	欠席	男F男 女H子　I男

日付：11月5日火曜日　天候（晴）

名前	健康（基本的生活）	あそび　情緒（反省、評価）
A男		C男にトラックをとられてしまい大泣き。声をかけてあげると、取り返そうとするが、力で負けてしまっていた…もう一度気をとり直し取りかえしにいくと、もらうことができた。
B男	生やさいを「いや」と拒むので「うさぎの"みみ"は大好物なのよ」と話すと、自分で少しつまんで口に入れた。	ダンボールの中に新聞紙を入れてあるのを見つけると、一番にやってきて、半分ぐらい外にヒラヒラ出すと、自分が中に入り、中で自分に新聞紙をかけたり、こすったりする。「オフロでゴシゴシ？」と言うと、うなずいて「ゴッゴッ」とこすっていた。
C男	めずらしく立ったままおしっこをしてしまいだまっている。「おしっこ出ちゃったね」と言って保がふいていると「ちがう、みず」と言う。失敗したことを認めたくないのか？自尊心が著しく発達していることを感じた。	D男が絵本のイチゴを食べようとすると「Cクンの、メー」と言ってD男をつきとばす。泣いているD男の前へつれていって泣いている姿を見せ、痛かったことと、Dちゃんも食べたかったことを伝えた。少しの間、みんなから離れた所へ行ってもどってくると、イチゴをつまむ動作をしてD男の口に入れてあげていた。相手の姿をきちんと見られるようになっている。
D男		ひまわり組の子が蛇口から水を出している姿をじっとみてやってみたくなったのか、まねをして水を出すことができ大喜び。はじめは出すだけだったが細くしてみたり大きく出してみたりと。
E子	食後、だまってトイレにいくので、ついていくと便器にすわって「ウーン」といっていた。大便が出たくなったことを行動で示している。	着脱面をはじめ、自分でやりたいという気持ちが出てきており、保育士がサッとはかせてしまったりすると、怒りだしたりしている。自分ではきたかったの？ごめんね！と声をかけ見守ると、片足と手を使い持ち上げ、ズボンの中に通してひっぱりあげ、がんばって一人ではく。意欲を大切にし、見守ったり介助していきたいと思う。
F子	欠（かぜ）	
G子		夕方、もも組が来て合同になると、あわてて保育士のひざにしがみつき離れない。もも組の子どもの活発な動きに圧倒されているようだ。保育士のひざに座ってじっとみている。そのうちに同じようにやりはじめるだろう。
クラスのようす	E子とG子の二人は、まだ他の子のように遠くまで歩けないので園庭でY保育士と遊び、2歳になっている4人は、K保育士と一緒に（フリーの保育士に応援に来てもらい）○○公園まで片道30分歩いて行った。公園では、C男はD男に、いつとなくやさしい。他の3人は、保といっしょに狼の追いかけっこを楽しみ、公園でも走り回ってしまい帰りが大変だった。歌を歌うと何とか気持ちを切り替え歩いてくれた。もう少し休息を意図的にとらなければと反省する。	

例3　1～2歳児の発達を見事にとらえたベテラン保育者の日誌

　2歳ごろになると、子どもはおとなから何か一方的に促されたりすると「いやっ」「だめ」と、大人の言うなりにはなりたくない自分の意思を通そうとするようになります。B男くんの「（生やさいは）いや」は、好きなものと嫌いなもの、その両者を比べ判別し、いやなものは食べたくないという自己主張だと思います。好き嫌いが出てくるのがこの時期の子どもの発達の表れです。

　その訴えに対し、保育者は、決して「一口だけでも食べなさい」とは無理押しせず、B男くんの大好きなウサギを引き合いに出し「うさぎの"みみ"は大好物なのよ」と話し、B男くんが自分から『ちょっと食べてみようかなあ』と思うような対応をしました。

　大人の強引さに会うと子どもはますますかたくなになって拒否し続けるのですが、そうはさせません。相手の意思を尊重することで心の扉を開かせています。自我が芽生えてきたこの時期の子どもへの見事な対応ぶりに感心してしまいます。それもわずかなスペースに自我の芽生えとその対応ぶりを表現してしまうのですから。

　さて次にC男くん。年月齢が記述されていないことが残念なのですが、このC男くんは、どういう場面だったのでしょう？　スペースの都合で書けなかったのだと思いますが、立ったままおしっこをしてしまったわけです。保育者が「おしっこでちゃったね」というと「ちがうみず…」という返事。

　2歳半ごろから3歳にかけ自尊心が育ってくると、子どもは大人に抵抗したいがための嘘をつくようになります。手を洗おうと思っていたのに大人から「手を洗っていらっしゃい」と言われたりすると「もうあらったの！」とか「手なんかあらわなくってもいいの」などとおヘソを曲げてしまいます。C男くんは自分では『もう僕お兄ちゃんになったんだあ、だからおしっこなんて失敗したくなかったんだあ』と思っていたの

でしょう。

 ところが排泄器官は自分の思い通りにはなってくれないのです。意に反して出ちゃったわけです。そんな時『お水だったらよかったのになあ』という願望が「おみずでちゃったの」という嘘になります。その時です。普通だったら「お水じゃないでしょ」と言ってしまいがちなところを、この保育者はそうせずに「自尊心が著しく発達していることを感じた」と述べています。2歳近くなった子どもの自我の育ちと、2歳後半の子どもの自我の育ちをある1日のほんのわずかなスペースに見事に表現しています。子どもの目に見えない自我の育ちを、まるで見えるように物語る保育士の専門性、その素晴らしさに脱帽です。

 あわただしい生活にあって、ともすると見過ごしてしまいそうな子どもたちの愉快と言えば愉快な、やっかいと思えばやっかいなヒトこまヒトこまにつきあう保育者の仕事の面白さを書き残していけること。これまで記録は主に子どもたちの大事な育ちを忘れないために書くのだと述べてきましたが、心をゆり動かされるような記録に出会うと、これはもう誰のためでもない、自分自身の育ちの表現なのだという思いにさせられます。子どもとの思いがけない様々なやりとり（ドラマ）のうちに成長させられる保育者自身のドラマにもなるのだと……いうことに納得するのです。

4　2歳児クラスの日誌の書き方と評価

　2歳児の特徴として、1歳児とは比較にならないほどの大量な言葉の獲得と人や物への関心が広がったために起こる強い自己主張があげられるでしょう。
　1歳半を過ぎ、表象機能を獲得した子どもたちは、心の中で思い浮かべた事物と言葉が次々に結びつき、比較したり、思い起こしたりしながら、その思いを一番近くにいる大人に伝えようとします。だから、日々の保育は、おしゃべりでいっぱいになります。歩行も確立し、自分の行きたいところにまっしぐらにいける子どもたちは、興味関心のあるところに目をきらきらさせながら、走っていきます。
　友だちにも関心が出てきて「いっしょに」と誘ったりしますが、なかなかうまくいきません。一人ひとり興味や関心の持ち方は違うので、分かり合うことが難しい場合が多いからです。言葉の数が増えたといっても自分の思いを伝えるほどは、うまくしゃべれません。そこで思いが伝わらずにトラブルになってしまいます。だからその子が何に関心を持ち、何を見ようとしているのか、何を面白がっているのか……一番身近にいる保育者なら、その子の視線や表情、次々に飛び出す言葉、行動などから読み取り「そうだね」と一緒に感動しあい、必要なら相手に伝えることができると思います。その気づきや感動を日々書き留めることが、2歳児の日誌の難しさであり、面白さにつながると思います。

例1　すみれ組（2歳児クラス）

1月15日火曜日　天候　晴		園長	1月16日水曜日　天候　晴		園長
活動 室内遊び （シールはり、マーブリング） 散歩（周辺）	出席 12名	主任	活動 室内あそび 散歩　たんぽぽ公園 凧あげ	出席 12名	主任
	欠席 2名	担当 T㊞		欠席 2名	担当 M㊞
特記事項	病欠児理由		特記事項	病欠児理由	
	A・K男…熱のため			A・K男…様子を見て	

記録

今日は寒かったため、室内でゆっくりしてその後気分転換程度に周辺を歩いて散歩した。室内ではパズル、カードゲーム、ままごと等、子どもたちがそれぞれ好きな遊びを楽しんでいた。また凧の製作やはご板製作も始められた。凧はビニール袋にシールを貼って模様にする。大、中、小と3種類あり、子どもたちに選ばせると大きいものばかりの子や色で選ぶ子等、1人1人考えながら「これ‼」と決めていた。はご板製作のマーブリングは初めてやることもあり、とても興味を持って取り組んでいた。好きな色を自分で選ぶのでこれも個性が出ていた。楽しんでやっていたのでいろいろなことを経験する機会をもっと増やしていきたいと感じた。M子…言葉が出ず他児に手を出すことが少しあった。

記録

たんぽぽ公園で凧あげをした。低月齢児はあまり興味が続かず、ブランコをして楽しんでいた。高月齢児はしばらく凧を持って走り回って楽しめていた。すべり台をしたり、木のぼりをして遊ぶ姿も見られた。凧を持ったままずべり台をしようとする姿も見られたので、注意して声を掛けていきたい。
A男、M子…午睡時、寝付きが悪く、正月からの生活リズムの崩れが目立つ。T男…午睡明けに38.2℃の発熱。R子も様子がおかしく、ぼーっとしていたり、泣き出してしまうことが何度かあった。熱はないようなので、様子を見ていく。N子も少し体温が高めだった。発熱がはやりそうなので、注意深く、視診や触診を行っていきたい。

例1　ありのままの姿をどうとらえるのか？

　ねらいを書く欄が設けられていないので、保育の一番のねらいが、好きな遊具で遊ぶことなのか、散歩なのか、製作なのかがちょっとわかりません。記録には「室内ではパズル、カードゲーム、ままごと等、子ども達がそれぞれ好きな遊びを楽しんでいた。また凧の製作や羽子板製作も始められた」と書かれています。その内容からだと、それぞれ好きな遊びを楽しむ一方で、興味のある子だけが製作に参加したように受け取れます。ねらいが不明なため、凧や羽子板製作を2歳の子どもたちにどのように体験させようとしたのか保育者の意図が伝わってこず残念です。また凧あげの様子を「低月齢児はあまり興味が続かず、ブランコをして楽しんでいた。高月齢児はしばらく凧を持って走り回って楽しめていた。滑り台をしたり、木登りをして遊ぶ姿も見られた」と低・高月齢児に分けて書いていますが、凧あげに対する月齢差を保育者は、どのように受けとめたかを書くと評価になっていくのではないでしょうか。15、16日と保育者としては、継続した活動のつもりだったのでしょうが、子ども達にそれが伝わっていないようです。前日の活動が次の日にこのように展開していく、そのつながりの理解や興味の持続は2歳児にとってはまだ難しいのではないでしょうか。2歳児は目の前の活動をまず自分でやってみて、「おもしろい」と感じたら喜んではじめます。

　2歳児に一度に凧と羽子板の両方の製作につなげていくことには無理がなかったでしょうか？　「楽しんでやっていた」と保育者が感じた子どもの興味は、きっと製作過程に対してではなかったでしょうか。季節に合わせて活動を展開していこうと考えた保育者の思いはわかりますが、目の前の子ども達が今何に興味を持っているかをしっかりととらえる必要があります。もし保育者の意図と違って子どもの興味・関心を引き出せなかった時は、その原因を考え、次の活動にどう生かすのか、具体的に記述しましょう。それが評価になります。

例2　ひまわり保育園　2歳児クラスの保育日誌

4月20日　火曜日　天候　晴れ

環境・予想される子どもの活動・保育者の援助
◎汽車公園へ行く ・行った先の公園で遊ぶだけで無く、行き帰りの行程も楽しむ。様々な人や草花、物などに触れ、おしゃべりしたり、歌を歌ったりしながら楽しく歩く。 ・公園では、汽車を見たり、少し高くなった丘を上り下りしたりして楽しむ。体を十分に動かして遊ぶ。 ＊公園までの道筋や公園内での子ども一人ひとりの様子に十分気をつける。

子どもの様子・反省と課題
誘導ロープを使って散歩に出かける。それぞれ歩くペースが違うので、先頭の保育者は子ども達の様子を見ながら、調整しつつ誘導ロープを引っ張って歩く。横断歩道では、後ろの子に靴を踏まれて抜けたと泣いたり、よその玄関先に置いてある置物（狸など）を一人ひとり触ったりしてなかなか目的地に着けない。おまけに道中、「先生、お花きれいね」「あ、消防自動車、バイバイ！」等、子ども達のにぎやかなおしゃべりは止まらない。ただ、おしゃべりに夢中になりすぎ、誘導ロープの握り手を離し、ふらふらと離れていくこともあったので注意が必要だ。 ＜何もかもが刺激なんだね！＞ 　A男が公園に行く間、ずっと楽しそうに保育者に話かけていた。得意の「これなーに？」「これなーに？」を連発したり、ずーっと先の信号を指さし、「せんせー、あかよー」と言ったりとてもにぎやかだ。保育者が、自分の言っていることをちゃんとわかっているなと思うまで言うので、いい加減な生返事をしていると怒って怒鳴り声になる。「せんせー、あかよぉー！」でも、なかなか子どもと同じものを見て、同じように感じわかるのは容易ではない。何を言っているのかわからないことも多い。「…あよー」「…ねー」と語尾しかわからないことなどしょっちゅうだ。そんな時、その前後の子どもの様子をつかんでいないと全くわからない。

個別事項
公園でB男が「あっ、きこーえる」と言って、突然走っていたのだがぴたっと立ち止まった。いったい何が聞こえるのだろうと思い近づくと、まただーっと走り出し、ぴたっと止まって上を見ている。「あっ、あった！」とうれしそうに言い、見上げている。その視線の先を一生懸命、保育者も一緒に見つめると、小さな飛行機がいた。かすかに飛ぶ音が聞こえたので「あっ、飛行機の音が聞こえる」と言って、この音の出所を探したのだろう。目も耳もアンテナを張っている子どもたちには、とてもかなわないと感じた。

行事	家庭連携・保護者支援等	地域との連携
	C男－昼ごはん後に迎え	公園までの行き帰りで出会う地域の方に「おはようございます」等保育者が率先して挨拶をすると子ども達も真似をして挨拶していた。

＊健康観察や欠席者・理由等は、健康観察簿に、交通安全面は、交通安全簿に記載。

例2　視点を定めた日誌

　毎日繰り返しのように見える生活の中で、子ども達の姿を大雑把にとらえず、ポイント（視点）を定めて記述されています。子ども達のありのままの姿を受け止め、悩みながら書いた日誌になっています。一日の保育を振り返り、保育者自身何を一番書きたいのか、それを選び取ることによって、逆に保育者が何を考え子どもをどのようにとらえながら、日々保育を行っているのかが見えてきます。子ども達の言葉や表情に保育者の対応を書くことで、その人の保育観があらわれてきます。

　この場合も「これなーに?」を連発したり、大声でおしゃべりする様子を2歳児特有のものととらえ、『…いい加減な生返事をしていると怒って怒鳴り声になる。「せんせー、あかよぉー！」でもなかなか子どもと同じものを見て、同じようにわかるのは容易ではない。…前後の子どもの様子をつかんでいないと全くわからない』と子ども達の思いに一生懸命応えようとしている様子がうかがえます。

　ただこの記述方法の場合、その日の保育の全体像が抜けてしまわないように注意が必要です。また、ポイントを絞って書くため保育の視点が偏ったり、思い込み保育に陥ったりしても自分では気づかないことがあります。それをさけるためには、客観的視点で保育を評価される機会（園長等の日誌チェック、園内研修で事例として発表、担任同士の話し合い等）を多く持つ必要があるでしょう。

例3　保育日誌からの抜粋（2歳児クラス）

滑り台でつながって遊ぶ

　滑り台を滑る時、今までは保育士と関わりながら滑ることが多かった。（頂上で保育士から「好きなものは何ですか？」等のインタビューに答えたり、「カーンカン」と踏切ごっこをして滑ることを好み、「やって」と要求してくることが多かった）それがここ数日、遊び方が変わってきている。

　最初に滑った人が一番下で待っていて、次々に滑っては団子状態に連なっていくことを喜ぶようになっている。今日も、始めはてつお、ともや、さき、の3人が遊び始め、面白くて笑いあっていると、そこへユカ、えりな、あやか、るな、ゆり、まきも参加してくる。後ろから、どん!!と友だちの感触が加わるたびに、きゃーっと大喜びで歓声をあげていた。

　途中、ユカの脚力が強くて、前にいた子がトコロ天式に外にはじき出され不満が出る。また間に挟まれていたゆりは「きつーい」と泣き叫ぶ。しかしまた友だちが新たに滑り出そうとすると、自分でゴシゴシと涙をふき「ゆりちゃんもー」と参加し、何度も繰り返し楽しむ姿がみられた。

　今までのゆりなら、なかなか泣き止めず長泣きしてしまうところだが、今日は自分で立ち直ることができた。もみくちゃにされてもなお、友だちとの肌のふれあう密接なかかわりと面白さに魅力を感じたようだ。保育士を介さずとも、友だち同士の楽しさを共有する喜び…子どもの関係がまたひとつ変化しつつある。

お客さんで仲間入りする

　ままごとコーナーでえりな、あやかが食卓を囲みお母さんごっこをしていた。そこへなつきが「入れて」と入ろうとするが「ダメー！」と断られ、泣きながら保育士に訴えてくる。えりなとあやかは「だってここ、おうちなんだもん、ねー」「ねーっ」と頷きあっている。そこで保育士と手をつなぎ「ピンポ〜ン、ごめんくださーい。お客さんですよー」と声をかけてみた。するとあやかが「お母さん、お客さんだって」と言い、えりなも「お客さんですか？　はい、わかりました。さあさあ、こちらへどうぞ」と椅子をすすめる。そして「一緒にごはんたべましょ、ねー」と、なつきを交え和気あいあいと遊び始めた。

　えりなとあやかの親密な親子関係で、いったんはなつきの参加を断ったものの、「お客さん」としてなら受け入れてくれた場面だった。この時、もし保育士が「入れてあげなさい。泣いているでしょ」などと高圧的な言い方をしたらどうだったろうか？　おそらく結果として入れてくれたとしても「ねーっ」「ねー」と頷きあうような、わくわくした気分は無くなってしまっただろう。役になりきって楽しんでいる雰囲気を壊さないよう配慮したことで、新たな役としてスムーズに入っていくことができた。しかしいつもうまくいくとは限らない。ごっこ遊びのトラブルの時、保育士がどういう目線で関わっていくか…常に問われることである。

客観的な目

　昨日、ゆいがスーパーで「お菓子買って」と駄々をこねた時、母親が負けずに

> 頑張り、ゆいも泣きながらもあきらめた、という話しを母親から聞いた。さっそく、熊のぬいぐるみを使って、スーパーでのやりとりを人形劇風に再現してみる。笑いながら見ている子どもたち。開口一番にゆいが「買って買って、って泣いたらおかしいよねぇ」と笑う。他の子どもたちも「そうだよ。赤ちゃんみたい」「あはは、そういうのダメだよねぇ」と言う。客観的には皆よく分かっているようだ。
> 　当事者になると、つい駄々をこねたりわがままを言っても、第三者の立場になると冷静に判断できるようである。時々はこんなふうに、また別の目で考える機会を作っていきたい。また、どちらかといえば、泣かれると言いなりになってしまいがちな、ゆいの母親が、周囲の白い目にも負けず毅然とした態度で筋を貫いたことを大いに認め、支えていきたいと思っている。

例3　深い子ども理解が評価につながる

　保育者は、保育をしながら瞬時に子どもの様子に反応しています。そのような瞬間的な反応をどのように日誌に記載すればいいのか、この事例は、そのことをとてもよく教えてくれています。『滑り台でつながって遊ぶ』は大好きな大人（保育者）にすべて依存していた関係から、大好きな大人に見守ってもらいながら友だちとかかわっていく関係へと変わり始めた2歳児の楽しそうな姿が、ありありと目に浮かぶように記述されています。そして子どもたちの心の揺れまでわかり、ただ『団子状になってすべる』と書いてあるよりも、友だちとつながりたいという思いが一層よくわかります。

　『どん！』という音に友だちとつながりたい強い思いと、触れ合った時の肌のぬくもりを感じます。また『きゃーっ』という歓声に一人では味わえない、「一緒はたのしいね、ねぇー」というワクワクした気持ちが現れています。最後の評価の部分も、A子の長泣きしなかった理由を子どもの姿から的確に読み取っています。そして何気ない遊びの中から見えた、子どもの関係の変化を『保育士を介さずとも、友だち同士の楽しさを共有する喜び』としてきちんと押さえています。

　『お客さんで仲間入りする』では、2歳児のつもり遊びの特徴をふまえて、「仲良く遊びなさい」と保育者が言って形から遊びに参加するの

ではなく、「お客さん」という気持ち的役割から遊びに入っていってます。滑り台でもそうでしたが、好きな友だちと一緒に遊びたいと強く主張するようになってきます。相手もそう思っていれば問題ないのですが、ほとんどの場合、一方通行であるため、トラブルになってしまいます。評価の部分で『ごっこ遊びのトラブルの時、保育士がどういう目線で関わっていくか…常に問われることである』とあるのは大切な視点です。

『客観的な目で』では、２歳児の特徴的な発達の姿が現れています。自分の思いを強く主張するようになって、大人にとっては時には扱いにくい存在の２歳児。しかし表象機能の発達によって少し先のことまで思い浮かべることができるようになり、『こうしたらこうなる』と時間はかかりますが、自分自身で思い返すことができるようになってきます。

それを保育者がゆいちゃんだけの経験にとどめず、他の子へもさりげなく広げているところがみごとです。ゆい自身は自分が経験したことなので、心の中に残っているのでしょう。が他の子は以前同じような経験をしたかもしれませんが、今回は違います。しかし、保育者の人形劇を見ることによって、自分の経験を呼び覚まし、重ねて心に残すことになったようです。今まで経験してきたことをもとに、さらに世界を広げていく２歳児にとって、外から無理やり教えられるのではなく、心の中に残っていることの上に自分で重ねて思いを残すほうが何倍も効果的です。また、子どもとともに保護者への配慮も忘れていません。主張の激しい２歳児の姿にともすれば保護者は負けてしまいがちですが、保育者が母親の態度を「大いに認め、支えていきたい」とエールをおくり、実際、人形劇を使ってゆい自身に確認させることで大きな励ましを得ることでしょう。機会を逃さず、対応する姿勢が日誌の中に現れています。

この記録はどれも簡潔に書かれた子どもの姿の中に、子どもの育ちの確認と保育者が子どもたちをどのように捉え、かかわったのか、そして今後の子どもの育ちをきちんと捉えたうえでどのように働きかけるのかという評価が書かれており、とても学ぶべきことの多いものです。

5　3歳児クラスの日誌の書き方と評価

　3歳以上児の日誌の様式には、書くべき必要な項目が枠組みのなかにしっかりおさめられているものと様式にとらわれず日記風に自由に記述するものがあります。

　枠組みが定められたものは、保育の全貌を残しておくにはよいのですが、どうしても枠組みに縛られ記述したいことが制限されて、書きたいことがあっても1日1枚に限定されてしまうため書ききれず、中途半端な記録になってしまう傾向があります。それに対して自由記述型のものは書く視点が定まっていれば書きたいことを十分に書けるので書きやすいのですが、どうしても簡潔に書く力が養われないように思います。

　日誌を点検する立場の園長先生はよく、朝の登園状況からその日の活動（指導計画で立案したねらいにそって、保育がどのように行われたか？　その中で一人ひとりの子どもやクラス全体の子どもたちの様子）が伝わってくるものであってほしいと思っていますが、朝から夕方までの保育を記述すると、けっきょく旧態依然の「何をして何をして……」といった活動の羅列になってしまいます。

　そこでここではいろいろな園で検討され、工夫された様式を紹介しながら日誌に記述すべき項目は何か？　評価を押えた活動の記録をどのように書いたらよいかなどの書き方について考えてみたいと思います。

例1　　　　　　　　　　　　保育日誌　　　　　　　　（3歳児クラス）

				天候	晴れ	園所長印		担任印	
	1月29日　木曜日			気温	20℃				
	在　籍	出　席	欠　席	欠席者名とその理由						
男児	8名	7名	1名	K・Y男（咳） O・Y子（都合） H・Y子（咳） M・K子（熱）						
女児	14名	11名	3名							
合計	22名	18名	4名							

保育の実際

登園・視診・持ち物整理
室内あそび（お絵描き・折紙・ままごと・ブロック）
排泄・お集まり
K・S男さん誕生日会
外あそび（家族ごっこ・警察ごっこ・砂場・三輪車）
給食（ふりかけご飯・けんちん汁・マグロのカレー風味）
着替え・歯みがき・絵本「キンダーブック2月号」
午睡
起床
おやつ
降園始まり

特別の出来事

記　　録

インフルエンザの為、しばらくお休みしていたY男さんが登園すると「Y男来た！うれしい…」とH男さんがお出迎え。「Y男〜Y男」と他の友だちからもY男コールが起きた。Y男さんもうれしそうに照れていた。S男さんの誕生日会では、かなり緊張していてなかなか笑顔が出なかったが、お家の方からのメッセージを読むと、やっとニコッと笑って、安心したようだった。外に出ると、K男さんが「警察だぞー！逮捕するぞー！」とロープを持って、二輪車でおいかけて来ては友だちが逃げ回って楽しんでいた。

例1　子どもの姿がもっとわかるように

　この日誌は、その日の出席状況や欠席した子どもの理由が記録されているので、子どもの健康状態はつかみやすいと思います。さらに連続して休んでいる子には理由だけでなく、その日数も入れておくと、家庭や園内での連携の必要性がより鮮明になってくるはずです。

　『保育の実際』の欄はデイリープログラムが記入されているので、この日にどんな流れで保育が展開されたのかということはよくわかります。しかし、実習日誌のように、毎日このような流れを書く必要があるでしょうか。このような記述だと、実際にはこの流れの中で起きているであろう、子どもたちの様々な発見や喜び、葛藤などがなかなか伝わってこないからです。その意味で右側にある『特別の出来事』という欄が空白になっているので、ここに子どもたちの様子を記録していくと、その様子が少し見えてくるのではないでしょうか。欄の名称は『特別の出来事』とするより、『子どもたちの様子』として記録していったらどうでしょうか。また、デイリープログラムだけなら、指導計画や季節ごとにクラス内に掲示するなど、別のところに書いておけば十分ですから、ここには実際の『子どもの姿』を書いた方が有効活用できると思います。

　『記録』の欄には一日の中で印象に残った子どもたちの出来事を中心に書いてありますが、このように特定の子どもをピックアップして様子を記録していくと、クラス全体の様子が伝わりにくいので、少々物足りなさを感じます。それは保育者が子どもにどのようにかかわったのかという記録がないからだと思います。日々の保育の中にもねらいや目標があって、そこへ向けて、子どもとの協同がどのように展開されていったのかを書いていくことが大事だと思います。それを記録し、振り返ることによって、初めて明日の活動に対するねらいが浮かび上がり、次になにをしようかというアクションが生まれ、『評価』という視点が加わった記録に変わってくるはずです。

例2　　　　　　　　　　　　　保育日誌　　　　　　（3歳児クラス）

	6月2日月曜日　天候　晴れ	（3歳児）
予定	散歩	朝から涼しく過ごしやすい日となった。朝の体操後、シール貼りをしてから、モモのみで、三島神社まで散歩に出かける。モモ組になって初めて行く場所であったが、タンポポ組の時にも何度か行ったことがあるので、「そこから行くんだよね」と言う声が、出てきた。着いてからも、とても楽しそうに遊んでいた。神社の裏のほうにある、ありの巣を見に行ったり、段差からジャンプしてみたりと、探険しているように遊んでいた。また、だんごむしやバッタなどの生き物にも興味を持っていた。帰りは、行きと違う道で帰り、初めての道であったので、とても興味をもって、楽しそうに歩いていた。
ねらい	散歩に行き、歩く楽しさをたくさん知る	
活動	散歩	
食事	よく食べていた	
登園	出席　欠席 13名　0名	

	7月3日木曜日　天候　くもり	（3歳児）
予定	プール	今日はあいにくのくもり空。湿度は高く気温も上がっているが、プールには入らずに園庭ですごすことにする。テラスで出席をとったあともそのまま園庭にて。一時保育の子も、回を重ねてずいぶん慣れ、子ども同士であそぶようになっている。戸外ですごしながら、テラスに机を出して、4〜6名づつ染め紙もする。おまつり用だが、以前クラスの製作でも1度やっているだけあり、みんなよくわかっていて上手にすすめている。ひらくとどうなっているか？を楽しめるようになっていて、前回の経験でわかっているのだなと思われた。おひるは、メニューのこともありいつもより時間かかる。
ねらい	プールに入り、水の感触を楽しむ	
活動	・戸外遊び ・染め紙（おまつりのちょうちん用）	
食事	キャベツの味噌炒めは味も大人向けのように感じるのか、あまりすすみよくなかった	
登園	出席　欠席 26名　2名	

例2　ねらいを具体的にする大切さ

　予定、ねらい、活動という欄があり、それを記入することで、その日の見通しを持った活動につながる大切な項目だと思います。しかし、ここのねらいの部分を3歳児の発達を押えたうえで、なおかつ、目の前の子どもたちの育ちや興味性を加味した、今、体験してほしいねらいになっているかどうかがポイントになります。ですから、ここにはかなり専門的な視点に立った言葉が求められていると思います。

　たとえばこの記録にあるように「散歩に行き、歩く楽しさをたくさん知る」や「プールに入り水の感触を楽しむ」というねらいですが、これは本当に3歳児にとって、今必要なねらいとなっているのでしょうか。これを2歳児のねらい、3歳児のねらい、4歳児のねらいとして見たらどうでしょうか。おそらくどの年齢にも通用する内容ではないでしょうか。しかし、0歳児から5歳児までの散歩やプール遊びのねらいが同じものでいいはずがありません。ねらいに対する活動が単純すぎるため、どんなねらいでその活動をするのかという大事な部分が抜けているのでしょう。たとえば『ねらいと活動』を一つにして、もう少し具体的に的を絞った内容でもいいと思います。

　そして、このねらいや活動の内容について、どのような指導や環境設定ができたのか、という視点での評価記録が次にくるのでしょう。ここがきちんと押さえられていないと、実践記録の欄には、単に活動したことを紹介するというような文章表現になってしまいます。ですから「〜で、とても楽しそうにしていた」というような抽象的で、"よかったね"的な反省の見えないままの内容になってしまうのです。子どもの記録を書くときには、もう少し、個別の発達を踏まえて、一人ひとりの育ちが日誌から拾えるように記録することがポイントになってきます。そして、さらに活動の連続性を意識した記録がとれるようになれば、そこからもっと子どもたちの育ちが見える資料になると思います。

例3　　　　　　　3歳児　保育日誌　T園　5月11日

子どもの姿・働きかけ
（子ども達の発見!!　赤かぶの芽） 「センセー　チョットキテ　キテ　ハナミタイナ　カブ　デタヨ」と廊下を走ってきて呼ぶ声に、「ナニ　ナニ　ドウシタノ？」と呼ぶ方に行ってみた。オヤツ後のことである。 まず、真っ先に発見したのは、Aくん。 この時は、そんな感じで、Aくんが我れ先に知らせていた。 「ホラ　ホラ　ココ」というので「ドレ　ドレ」と引っ張られるままにカボチャのワキの赤かぶをのぞくと、あんなにかき混ぜたプランターの中にちゃんとかわいい芽が、いっぱい出ている。 「ウレシーネー、カワイイネェ」と喜ぶと、皆一列に並んでのぞいている。 午前中から発見していたBちゃんも、「ソウ　ソウ」と言った顔で、皆も発見してみていることに満足している様子。 発見した喜びをクラス皆に伝えてくれるAくんらに、拍手を送りたい気持ちになる。

考　　　察
「ナニ　ショウカ」と言うと〇〇ショーと提案してくれる子ども達。 1人が言うと、皆も、ショウ　ショウということになる。 何か皆で同じことをすることが、1人でするよりも楽しく感じてきている様子。 この発芽の発見も1人の発見を皆に知らせ「ソウダヨ」となると、皆で担任に知らせに来たという訳だ。 とっくにわかってはいたけれど知らなかったフリをして大げさに喜んでみせた。 担任から知らせなくて良かったと思った瞬間である。

例3　保育者と子どものみごとなコラボレーション

　こちらの記録は子どもの姿や保育の内容だけのものを取り上げたものですが、これを読んで皆さんは何を感じますか？　個々の子どもの言葉が記録されているにもかかわらず、この内容からクラス全体の子どもたちの様子が見えてくるのではないでしょうか。子どもの気持ちに寄り添う保育者の姿勢や個別のやりとり、保育者のねらいもわかり、子どもたちの発見とそれを待つ指導者の関係が浮かび上がってきます。

　ただ内容が楽しいとか、記録の取り方が上手だというだけの問題ではありません。まさしく保育所保育指針に書かれてあるように、保育士の先を見通した願い（指導計画）と、子どもの活動（発見）がコラボレーションしながら、楽しい生活が展開されている記録になっているのです。それは「赤カブの芽を発見してくれた喜びをクラスみんなに伝えてくれるAくんに拍手」という言葉から、保育者が子どもの発見をずっと待っていたということがわかります。考察のところでも子どもの発見をじっと待っていて、発見した子どもが他の子どもたちに伝えていくというプロセスを大きな喜びとして見ていたことが伝わってきました。

　このように、子どもたちの育ちやクラスのようすがわかるような記録を書くためには、子どもたちの活動をただ傍観しているだけでは書けません。そこには保育者の子どもに対する、発達を押さえた確かな願いがあって、その願いを実現するための的確な環境が用意されているものなのです。こうした、先を見通せる保育の目があって初めて、子どもの活動のどこに視点を当てて見ればいいのかということがわかるのです。するどい観察力は、こうした日々の保育をきちんと記録し、それらをできるだけ多くの人と共有することによって磨いていくことができるのです。そうした記録を書き続けることによって、徐々に子どもを見る目が養われ、的確な指導ができるようになっていき、結果として保育の質のレベルアップにもつながっていきます。

例4　　　　　　　　　　　保育日誌　　　　　　　　（3歳児クラス）

				記録者名	園長印
5月22日木曜日 （天候）晴れ	園児関係 特記事項 人数				

全体の様子	晴れて、陽射しのまぶしい1日となる。2階にあがると、おたまじゃくしがカエルになっている事に気づき、大喜びで、そこから、カエルごっこがはじまる。10時頃に園庭へ降りて遊ぶ。陽射しが強いためか、やなぎの森等の日かげで遊んでいる子が多かった。11時15分から昼食となる。「サケ」はよく食べていた。
自由記録	（かえるごっこ） 　おたまじゃくしがカエルになっている事に気づいた子どもたちは、大喜びであった。すると、Aが「見て」とカエルのまねをしてとびはね、それをみていたEも一緒になってとびはねていた。保育者が「お面いる？」と聞くとうなずいたため、画用紙にマーカーでカエルを描くと、クレヨンでぬる姿があった。お面にすると身につけ、楽しんでなりきっていた。それをみていた他の子どもたちも、「ぼくも、私も」と作りはじめ、出来あがると、なりきって遊んでいた。J・Gは、お面はつけていないが、遊びの中には、自然と加わっていた。 　どの子もカエルになりきり、「ゲロゲロ」と鳴いたり、「あっちの池に行こう」と楽しんでいた。また、1人が「夜だよ」というと、カエルのお面をつけた子どもたちがねそべる姿があった。 　保育者がゴムに水色のスズランテープをつけ、ジャンプできる場所をつくり、「ここも、ジャンプ池だよ」と話すと、そこをとびこえる子、くぐる子と、カエルになりきりながら楽しんでいた。 　今まで、こいのぼりをさしていた場所にモールでお面かけを用意する。「カエルさん、お片づけ」と話すと嬉しそうにどの子も片づけていた。
考察	子どもたちの自然に出てきたカエルの遊びが広がっていき、保育者も、その姿に楽しく思えた。ゴムのジャンプもなりきりのなかで楽しむ事ができて、よかったと思う。

※個人記録のスペースをつくる

例4　様式を見直すことで内容が充実する

　この保育日誌の書式では、ある程度ベテランで、書く力がある保育者でないと、何を書いていいのか迷ってしまうのではないでしょうか。日誌にも『保育内容の評価』が必要であると考えれば、書式についても見直しが必要になってくるかもしれません。

　最初に園児関係、特記事項という欄が空白になっていますが、ここは子どもの健康欄として出欠席人数や病欠理由、事故など特別な出来事などを記入してはどうでしょうか。全体の様子、自由記録、考察という区分も、テーマがあいまいで、書く内容が保育者の考えや力量によってずいぶん差が出てくると思われます。たとえば『全体の様子』という欄を、その日の活動のねらい、それに対するつながりがわかるような項目にすると、最後の考察を書くときにも役立つと思います。『自由記録』の欄は『子どもの活動』というような項目にすると、誰でも子どもの様子を書くことだと分かりますし、個人の記録や、保育者の言葉がけや、かかわり方などを記録しておくことなどを書いた『書き方の見本』などを園内で共有していくと、書く視点がはっきりとし、そのことが保育の質を高める結果にもつながっていきます。

　記録の内容は、子どもが「おたまじゃくしがカエルになっている！」というとっても大きな発見をし、うれしくてカエルのまねを始めた時に、お面づくりを提案してカエルごっこを楽しむという展開ですが、本当にこのような環境設定でよかったのか、ここで「みんな喜んで参加していました」という部分で完結してしまってよかったのかというところが気になります。その意味では『考察』も『評価』という視点で書くと、今後、このおたまじゃくしと子どもたちの関係がどうあってほしいかという、保育者の願い（次の指導計画）を考える記録になっていくはずです。保育日誌は子どもたちの育ちをそこから読み取れるように書くことと、そこから自分の保育を見直す機会にすることも重要です。

6 　4歳児クラスの日誌の書き方と評価

例1　評価につながる記録を書く

　形式と項目ですが、日誌の一番のポイントになる項目、「主な活動の欄」を特記事項の所に移し、特記事項は下段の左側に移動したほうがいいでしょう。そして、もとの主な活動の欄を「ねらい」にすることで、その日の保育課題を明確にできます。

　大事なことは、保育に入る前にテーマを決めておくことです。そうすることで、視点が定まりぶれない保育につながり、記録も取りやすくなります。クラスのようすの項目は、上の項目と重なっていますので、あえて入れなくてもよいでしょう。

　2つのけんかを取り上げていますが、なぜけんかに着目したのかが読み取れません。最初の事例はかなり激しいやり取りがあるにもかかわらず、保育者がどのような関わりをしたのかまったく触れずに、姿のみになっています。そうなると振り返りもできません。振り返りながら課題と向き合っていくことが、自己評価につながっていくのです。

　けんかの1と2に同じ子どもが登場しています。なぜこれほどまでの強さを表面化するのか、心の揺らぎを保育者としてどこまで受け止めているのでしょうか。けんかの事例には、さまざまな要素が含まれています。保育者が直接関わらなくても自分たちで仲直りすることもあるでしょう。発達年齢からみてかみつきは、あっさりと流せない気がします。時にはクラスの子どもたちに提案をし、みんなで考えてみる方法もある

例1　　　　　　　　　　保育日誌　　　　　　　　（4歳児クラス）

2006年度　いるか組日誌　8月16日（水）　天気雨		K㊞　8:30　　（PM半休） T㊞　10:00	
特記事項	保健関係	出席　13人　　欠席　11人	
本日よりN高校Tさん（3年生）が3日間ボランティアとして来て下さる。		欠席者の名前　　　理由 I・K男　N・Y男　K・T男 I・Y子　H・T男　H・M子 M・S男　O・A男　T・M男 S・A子　W・A子	
主な活動	食事のみくじらさんと合同。雨の為、室内での遊び（トランポリンあり）		

クラスのようす
本日いるか出席13人。朝から雨で室内で過ごす。おはようでは、ボランティアのTさんの紹介をする。
＜ケンカ1＞
Yちゃんが布をかぶり、おばけごっこをしていたが、Rちゃんもやりたくて、「入れて」というが、Yちゃん「ムリ！」といって手を振りはらう。その手がRちゃんに当たり、Rちゃんぶち返し、Yちゃんがつねり、最終的にRちゃんがYちゃんをかんでしまう。T㊞が間に入る。
＜ケンカ2＞
片づけになり、Tくんは、おままごとの道具でまだ遊んでいたのを、Rちゃんが「片づけだよ！」と言ってガバッと道具を取り上げてしまい、片づけてしまう。Tくんは、何も言えず、すみの方で1人落ちこんでいる。その様子は、Rちゃんも意識していて、大人が声をかけているのも、見ていたからか、Tくんのそばによってきて、「ねぇ、あとで話があるからさ、おままごとに来て」と。なかなか動かなかったTくんがその言葉で立ち、おままごとのところへ。そこへ、なぜかYちゃんも立ち会い、なにやら3人で話している。その後ほんとうにすっきりした表情で出てきたので、「どうした？」と聞くと、「ないしょ!!」と。でも、Tくんもすっきりとした表情で出てきた。すべて大人が入らなくても、自分たちで話し合える姿がうれしい。

気付き

でしょう。子どもたちは提案を受けて、自分で考えたり、言葉で伝えられるようになります。保育者が振り返る以上に、ことの事実を素直に受け止めて学習していきます。子どもの姿から、保育者が学ぶこともたくさんあります。気付きの項目については、評価（気付き）に置き換えて保育をしっかりと振り返っていくことが重要です。

例2　　　　　　　　　　　保育日誌　　　　　　　　（4歳児クラス）

| 8月2日火曜日　　天候（晴れ） | 担任印 | 園長印 |

1　主な活動　　2　指導上の留意点　　3　保健　　4　自由記録（個人記録）

1　枝豆の収穫をする
2　・収穫する→食べることをみんなで経験　おいしさや喜びを、友だちと一緒に共感できるようにしていく
　　・土の感触、根っこの様子などにも興味が持てるようにしていく　収穫後は手洗いをしっかり行う
3　特になし
4　「だってわからなくなっちゃうでしょう！」
　　・種からまいた枝豆が、たくさん実をつけた。ひとり一本ずつ根っこから抜き、豆をもげるようにする。Sちゃんは、枝豆を手にもったものの動きが止まり、そのままでいる。自分のが終わったUちゃんが「手伝ってあげる」と一緒にやりだす。Hくんは実をとってボールに入れてしまうと「ボクのがわからなくなっちゃうでしょう」と実をとろうとしない。みんなで何個とれたか数えてみると、「291個」「Hくんのがあると、300個になるかもしれないね～」と話すと、自分からもぎ始め「302個だあ～」と大喜び。その後も調理室に豆を運び、園長先生に収穫の報告をし、しっかり活動に参加していた。土で手が汚れるのをいやがったのか、Kくん、Aちゃん。一緒に手を添えて根っこから引き抜く経験をした。（Sちゃんも土で汚れるのが、やらない理由のひとつだったかもしれない）

＜考察＞
　　・園長先生から豆をもらったことをきっかけに始まった枝豆で、よく実がつき、みんなで収穫ができた。なすやきゅうりのように順番に少しずつ実るのではなく、一斉に収穫でき、ひとり一本ずつ持って根っこや実をもつことができ、素材としても枝豆はとてもよかったと思う。4歳のこの時期でも収穫→食べるの喜びを経験することができた。食べる→大きくなるの関係を、子どもたちなりに理解する上でも、育てる→収穫する→食べる経験を、これからも大切にしていきたいと思う。

例2　保育者の思いが先行しすぎた記録

　全体のレイアウト（様式）は分かりやすくデザインされているため、記録も項目に添って流れています。「だってわからなくなっちゃうでしょう！」と子どもの言葉をテーマに取り上げたことは素晴らしいことです。この言葉に誘われて次の文章も読みたくなりますし、子ども心が伝わってきます。テーマ設定には、それだけ大切な意味があります。しかし、残念なことに子どもの姿と連動してないことに気付かされます。むしろ、記録の内容は保育者の思い通りになっていないでしょうか。子どものつぶやきをどのように受け止め、保育につなげていくかが課題になってきます。子どもとどう向き合うかがここから始まると言っても過言ではありません。保育者の見立て、つもりはむしろ子どもたちによって見事に覆され想定外のことが次から次へと発生してきます。だから実践がおもしろくなってくるのです。

　枝豆採りの姿に子どもの揺らぎが写っています。4歳児ともなると自分が採った枝豆を10～20個位は数えられます。数に対して関心をもつチャンスであり、学習にもつながっていきます。実際に数えてみたらみんなと数が違うことに気付き、それがおもしろくて盛り上がることも予想されます。ただ、そこで保育者がおもしろがれるかどうかにかかってきます。子どもたちの姿と心の動きをしっかり見極めながら、向き合えるようになると保育を楽しめるようになります。

　たとえば、採った枝豆を具体的に何に入れようか、どれだけ採れたか数えるためにどんな方法があるのかを子どもたちに相談してみることで、子どもが主体的に取り組めるようになり達成感につながっていきます。子どもに寄り添うとはどういうことかを日々の実践の中で学ぶ視点をもつことが重要になってきます。保育者のやり方に子どもを巻き込むのではなく、子どもと向き合いつぶやきを拾いながら、実践につなげていくプロセスこそが自己評価になっていきます。

例3　　　　　　　　　　日案・日誌　　　　　　　（4歳児クラス）

6月2日金曜日　　天気［晴れ］　　欠席［K・Y子］

テーマ	K男とT子のけんか

今日の保育構想＝予想される幼児の活動・環境構成・働きかけと配慮　他

　　おやつ直前のできごとであった。廊下からK男の泣き声が聞こえてきたので行くと、そこを通りかかった園長先生がK男の話を聞いてくださっていた。
　　K男はその時、ランニングシャツの下着に半ズボンという格好。それを見たT子がへんだなっと思って「そんな格好じゃ、おやつはもらえないよ」と言ったことに、K男が「そんな事ない。だって、服が汚れちゃったからランニングになったんだ」と反論して言い合いになった。
　　それでもT子は、ちゃんとした格好（服をきている）でないことを受け入れられず「変だよ」とまた指摘したために、K男がカッとなり、T子をたたいてしまったのだという。
　　お互いの話を聞いたところで、園長先生がK男に「よくわかったよ。でもカッとなってたたいちゃいけないよ。グッと我慢しなくちゃ。男の子が女の子をたたくのはよくない」と話すと、泣きながらもウンウンとうなずいていた。
　　お互いの話を聞いている途中T子は、格好についてこだわっているようだったので、私が「K男くんは外であそんでいたら、汚れちゃったけど、着替えがないって困っていたから、先生がTシャツだけ脱いでランニングになればいいよ、て言ったんだよ」と感情が高ぶっているK男のかわりにもう一度話した。そして「でもT子ちゃんは、その格好じゃおかしいとおもったんだよね」と言うと、ようやく納得がいったようであった。
　　（考察）大人からしてみれば、ほんとうに些細な事だが、これくらいの年齢になると、自分の意見に自信をもちプライドをかけて必死だ。K男のたたかずにはいられなかった気持ちもわかるが、でもそこでぐっとがまんする自己コントロールの力を、つけていってほしいと思う。

例3　テーマを定めた日誌

　この日誌は「テーマ」がはっきりと定められていることで、何を記録したいのか明確になります。テーマの下の項目を子どもの活動（予想される保育）に変えてみることにより視点が定まると思います。

　けんかはいつでもどこでも発生します。むしろ、どの年齢においてもあってあたりまえです。大切なことはけんかの場面に遭遇した時に、保育者の一方的な思いを押しつけていないかどうか、先入観で子どもをみていないかどうかが問われてきます。また、けんかの前後を把握していたかどうかによっても対応の仕方が変わってきます。何よりも子どもの主張にしっかりと耳を傾け、ぶつかりの姿から現状を把握していくことが先決になってきます。そばにいて見守っていてくれる中でお互いにとことんぶつかり合えることもあります。子ども同士が納得のいくまで言い合い、ぶつかり合うことに意味があるということをしっかりと認識しておくことが大切です。その結果、すっきりするもしないも子どもたちが自分で決めることです。ただし、けんかの内容によっては、この記録のように保育者がそれぞれの子どもの思いを橋渡ししてあげるなど、しっかり援助していく必要があります。いずれにせよ、子どもが主体的に改善の糸口を見いだせるようにしていくことを優先していきます。

　事例は、子どもの姿と心の葛藤が読み手に伝わる視点でよく書けていると思います。振り返りで、我慢する力をどう育てていくのか、自己コントロール力をどのようにつけていくのかを上げていますが、保育者として具体的にどのような援助が必要なのかを記録しておくと次の実践に繋がり生かされていきます。我慢する力や自己コントロール力がここでしか培われないということではありません。大切なことは、日常の暮らしの中でどれだけ豊かな体験ができる環境をデザインできるかです。子どもたちが安定して過ごしている時にこそ、一人ひとりの違いや発達、特徴を把握する目を磨いておくことが課題になってきます。

7　5歳児クラスの日誌の書き方と評価

例1　一斉活動（設定保育）の日誌

　かつて「環境を通しての保育」の重要性が指針に盛り込まれて以来、「一斉活動はしてはいけないのでしょうか？」といった質問をいろいろな所で受けるようになりました。保育形態を"一斉か自由か"という二者択一的な捉え方をしてしまうことに疑問を感じながら、私自身は、遊びにおける最も重要な援助は何か、子どもたちの活動に対する必要感や自由感がどう育まれるかを考えることこそ大切なのではないかと学んできました。一斉活動はともすると「皆が同じことを同じ時間に同じ方法でやることだ」という誤解があったのではないでしょうか。本来の一斉活動は同じことを同じ時間にするけれども、その方法や結果は、それぞれの子どもたちに任されていて決して画一的にならないものだと解釈してきました。

　らいおん組の日誌、「走る乗り物づくり」はまさにそのことを表しています。すなわち同じ時間帯で、同じことに取り組んでも様々な方法や結果があることを表しているからです。

コメント1　まず活動の導入を見てみましょう。一斉活動の日誌を書くときには活動の導入＝『やってみたい』と思うようになる動機育てがポイントです。担任が子どもたちの遊具として6体の走る自動車を作っておきました。保育者はそれをいつどのような時間に作ったのでしょうね？　夏には木工での舟造りも経験しているので、朝の自由活動の際、

例1　　らいおん組（5歳児クラス）日誌

11月10日（金） 天候（晴）	在籍児童	出席児童数	欠席児童数	職員体制	記録者	園長印
	16人	15人	1人	7:30山本（フリー）9:00鈴木	鈴木	

欠席児童特記事項	保健	特記
S.N…中耳炎		

一日の生活の流れ	1自由遊び　2主な活動（ねらい）　3環境構成・配慮　4活動の展開
8:45　らいおん組に集まり 園庭／室内にわかれて遊ぶ 9:45　片付け 10:00～11:45　木工（のりもの作り） 予定では11時半頃までを予定していたが、延長する 12:00～12:40　食事 1:15～3:00　午前中のつづき 予定では公園に遊びに行くことになっていたが子どもたちがつづきをしたいと言って 3:30　おやつ 4:00～　園庭	2走るのりものをつくろう ねらい　・自分たちで遊ぶもの（主にはのりもの）を工夫して作る ・道具の正しい使い方を身につける（のこぎり、万力、キリ） 3・車輪にするため、丸棒（直径2.5cm、長さ1m）を、1cm幅くらいに1人4こずつ切ることになる。が、角材と異なり丸棒は、動いて切りにくい為、万力を用意する。（万力を木工台に取りつけると「すげぇっ、本格的だ」とM男） ・夏に木工の舟づくりを経験してきたので、道具の扱いは慣れているが、新しい道具（キリ）については、必ず保育者がついてやることや持ち歩くときの注意事項を話す。 ・運動会の後、保育者がつくった動く自動車（6台）で、スロープなどつくって遊んできたため、「今日は自分たちで作ってみよう」と呼びかけると、「やったー」「どうやって作るの」などと男の子たちは喜んだ。女の子たちの中には（N子、S子、R子、M子）「えぇっ、車なんて作りたくない」と言う。保育者としては『そうは言っても、友だちがのりものをつくって走らせているのを見て、きっとやりたがるようになるだろう』と思ったが、何を作りたいかきくと「人形のベッド」と言うので、4人には協同でそれに取りくませることにする。 4①まずどんな車を作るか、イメージをはっきりもたせるため、木片の材料を自由に組み立ててみたりし遊んだあと、絵に描いてみる。（左下図）その後、車体の部分をボンドや釘打ちなどしてとりつける。 ②車輪を車体にどう取りつければ動くかが一番難しかったようだ。まず車にキリで穴をあけることは、万力のおかげで、待つことなくすすめることができた。3こめ、4こめになると、かなり手さばきもうまくなり、友だちに「やってやろうか」と手伝いたがった。保育者が子どもたちに遊ばせようと作った車は、車体に穴をあけ、竹ひごを通して走るようにしていたが、子どもたちが作った車体は、かなり厚みがあり、穴をあけられるものでなく、さてどうしたらよいものか㊗も困ってしまった。

＜個別記録＞子どもたちが組みたてた車体	＜評価＞
レーシングカー（Y男）　座席のついたバス（N子）　消防車（T男）　キャリアカー（M男）　竹ひご　粘土　保が作ったものと同じもの　釘　車体と車の間に、すき間をとると動くことを発見	どんなのりものを作るか？　子どもの発想を大切にしようとしたことはよかったが、車体の大きなものにどのように車をとりつければ動くようになるか保が考えられていなかった。が、M男とT男が、車の穴に釘を通しそれを車体に打ちつければ動くことをやってみせてくれた。㊗の予想もしなかったことで、ほんとうに驚いた。ただ、打ちつけ方によっては、車がまわらなくなることもあり（車の半径よりやや上部に打ちつけないとまわらない）、失敗の経験の連続だった。それだけに動いた時の喜びは大きかった。

子どもたちが遊んでいる傍らで保育者が作り出せば、きっと「先生、何作ってるの？」「僕もやりたいな」などと子どもたちが集まってきたことでしょうね。それも導入になりますが、今回はそうではなく保育者が作っておいた乗り物で子どもたちがさんざん遊んだようです（それが今回の活動の重要な動機育てになっているのだと考えられます）。そんなおり「これどうやって作ったの？」「僕も作ってみたい」といった要求が出てきていたのではないでしょうか。

　また女の子たちはその乗り物に興味を持って遊んだのかどうか？　そのことには触れられていませんが、保育者が「自分たちで遊べるものを作ろう」と誘いかけた時の女の子の反応はどうだったのでしょう？　4人以外の女の子についても記述してほしかったです。なぜならば一斉活動をする時、子どもたちにその活動の必要感が育っていたかどうかを知りたかったからです。しかし枠決めされたこのような様式の日誌ではなかなか書きたいことも限定されてしまうことはたしかです。

コメント2　またこの様式は、1自由遊び　2主な活動…　と印刷されていて、書きたい項目を自分で選んで書くことができとてもいいと思います。主な活動＝一斉活動ではありません。朝、夕の自由な活動の様子も書けるようになっていることがいい点だと思います。

コメント3　この日の活動で一番ポイントだと思われたところが評価にしっかり記述されています。保育者は子どもの発想を大事にしたいと思って木材を選ばせ、それぞれの創意による車体を作ったところまではよかったのですが、厚い木材にどう車をとりつければ動くようになるのか？　保育者が作ったものとは違う車体の車のとりつけ方まで考えられていなかったことです。困り果ててしまった様子が目に浮かびます。しかし、しかしです。保育者と子どもの信頼関係が育っていると、保育者が本当に困っている様子を感じとり、『何とかしなければ……』と子どもが奮起します。試行錯誤の体験から素晴らしいことを考えついたのです。幼児期は体験しながら考える力が養われます。繰り返し繰り返しや

りながら考えていくのだと思います。M男くんとT男くんがどのような体験から発見をしたのか、それを知りたかったですね。いやいや保育者はそれどころではなかったでしょう。1人担任なのでキリの扱いから何から何まで……。

　しかし喜んでばかりはいられません。子どもたちが発見したその方法にも難がありました。車の穴に釘を入れ、車体のやや上のほうに打ち付けてしまうと車が地面に接触せず、けっきょく回らない結果になること、また強く打ち付けすぎると車体と車の間に隙間ができず、これも動かない原因になることです。木工活動のよいところは失敗の体験を重ねることです。だから子どもたちもいつも以上の力を発揮し頑張れるのだと思います。評価のポイントはこの日誌に見るように「保育者の思いと子どもの発想によるズレをどう解決していくか」を書くことです。

コメント4　一斉活動をする時には、子どもたちの必要感や自由感を大切にすること、また活動のテーマは、多くの子どもたちにとって興味や関心があること、みんなで楽しんで取り組めそうなことを題材にするということも重要です。「先生もう終わったから遊んでもいい？」と言わせるような活動は、子どもにとって遊びではなかったという訴えです。先生の言う通りにやらなければならない押し付けられた活動だったということです。1日の生活の流れに書かれていますが、年長なので午後は昼寝をせず散歩に行く予定を立てていたようですが、子どもたちからの"続きをしたい"という要望もあり、午後の活動もその続きになったことが活動の充実ぶりを表しています。

第1章　日誌の書き方と評価

例2

週日案 (5歳児クラス)

				園長印	主任印	担任印		
12月 第2週 5歳児 ゆり組								

		日	本日のねらいと内容	実践と反省
ねらい	○自分で作ったり、友だちや親と一緒に工夫して作ったりする楽しみを味わう。 ○小さなクラスの子との触れ合いを楽しみ楽しむ。			
活動の見通し	12日(月) 朝のあそび(迷路づくり)(ごっこあそび) ○小さなクラスへ散歩に行く ○クリスマスへの期待と準備 ○うた(クリスマスの鐘・赤鼻のトナカイ)	12日(月)	○迷路づくりを友達としていく。 ・迷路を組み立てて友だちと一緒に作っていったり、できあがっていく喜びを感じていく。	迷路は接着する所を子供たちがどのように考えているか話し合う。ガムテープでくっつけることで、ドアをつけたり窓が出たりしている。子どもの考えがどんどん実現されたりとドアの子が迷路の内側に虫・花・葉っぱを描くことを提案、迷路をつなげていくグループと内側を飾るグループに分かれて活動した。
	13日(火) 14日(水) 15日(木) 16日(金) 17日(土)	13日(火)	○遊びながら迷路を面白くなる工夫をする。 ・「クリスマスの鐘」のうたをうたう。	窓がで内と外からの交流をたのしんでいた。T男が迷路から出たいという発想を話すと、迷路に並行してトランポリンとトンネルを利用して遊園地づくりが始まった。
	クリスマスにも親子で一緒に散歩したい、"一緒にごはんを食べる"などの要求が出てきたら実現できるようにする。	14日(水)	○遊園地づくり ・いろいろ子が喜ぶことを考えながら発想を少し変えていくことで、変化を楽しみながら遊具を組み合わせて遊園地をつくる。	迷路の中でとまっていることが目立ってきた。T男が迷路を少し変え、小さな子が遊ぶ出口をつけてくと小さな子が遊園地になるかと考えていた。
幼児の姿・援助のしかた・環境構成	親子で降園時、いろいろなものを作るコーナーを設けたり、クリスマスに向けて、ツリーや親子で作ったものをゆり組の何名かが飾れるように。 作りながらあそび、そこから生まれた発見や工夫を大切にする。 朝の迷路あそびなども、さらにクラスの触れ合いがもっと小さな子がたくさんみられるように、ゆり組の子が、迷路に触れ合いづくりに、働きかけになってほしい。 園庭のもみの木に出来あがった飾りをつけていく。	15日(木)	○小さな子との触れ合いをあそびにしていく。 ・迷路や遊園地にきているこで小さな子を招きこして一緒にあそびながら、あそびなどでゆり組の役割になるよう考えていく。	小さな子を招いている子同士がより近くていることで、そこからゆりが遊園地の見学から考えていた。
	材料を十分に用意して、親子で工夫してつくったりしていく。	16日(金)	(略)	(略)
	クリスマスのレコードを聴く。鈴やハンドベルでクリスマスの曲にあわせて合奏しよう。	17日(土)	(略)	(略)

例2　週日案記録のメリット、デメリット

コメント1　1枚の用紙に、週案と1週間分の日誌の両方が書けるようになったものを週案日誌（週日誌）と呼んでいます。週の指導計画で立てたねらいにそって保育がどのように展開したか？　その経過が一目でわかるようになっていること、すなわち1週間の活動内容（カリキュラム）と日誌が連動していることが週日案用紙のメリットです。反面日誌欄が狭すぎて、書くべき必要な事柄が記述しきれないことが欠点といえます。日誌は決して経過報告で終わってはいけないからです。今までも述べてきたように評価まで記述する必要があります。書ききれなかった所をどのように補うかの策が考えられてほしいものです（週日誌の裏に書くとか別のノートを用意しそこに書いていくなど）。

コメント2　この週案のよい点は「その日に何をするか」日々の予定を記述するのでなく、1週間をトータルに見て子どもたちの生活や活動の流れを見通せるようになっていることです。また、保育内容としては保護者の登降園の機会をとらえて、親子で一緒にクリマスの飾り物を作るよう保護者の参加を大切にしていることです。ただもう少し日常的な子どもたちの自発活動や友達関係の育ちなどに注目してほしかったです。いうなれば年長児たちの生活ぶりが見えてこないのです。あと3か月余で卒園していく年長児たちの願いは何なのでしょうか？　子どもの実態からあふれ出た指導計画が立てられればと思います。そう感じさせる要因は「先週末の子どもの姿」が記述されていないことです。その子どもたちの姿からねらいが引き出されていきます。この様式に「先週末の子どもの姿」を記述する欄を加えるとよいのではないかと思いました。

コメント3　0歳児の週案日誌のところにも書きましたが、計画はあくまでもめやすであって、保育は必ずしも計画通りに進むものではありません。計画とは異なった保育が展開したときには、必ず赤ペンでそのことを明記しておきましょう。

例3　やっぱ氷鬼したいから怒らんとこうかな　　　　　（5歳児クラス）
年長児（6歳3ヶ月）ごうくんを中心に　　　　富山県福野町東部保育所の記録（福江恵美子）

子どもの姿

園庭へ出て、氷鬼をはじめる。
> 氷鬼：鬼にタッチされた子は氷のように固まる。鬼ではない子にタッチされると動ける。高いところに登ればタッチされない。

しん、りょうが鬼になってみんなをつかまえている。ごうは、鬼から逃げている。保育者も一緒に氷鬼をしている。
ご　う：「先生！ぼくまだ二回しか捕まってないよ～」と逃げながら自慢げに言う。
りょう：「タッチ！」
　　　　ごうがタッチされ、捕まる。りょうは鬼じゃない子にタッチされてごうが逃げないように、ごうの周りから離れようとしない。
ご　う：「ずるやよ！」とりょうに怒る。
　　　　りょうは、なんのことだかわからないという様子。
保育者：「なにがずるやったの？」
ご　う：「だってぼくにほかの人タッチできんようにしとったもん。」
保育者：「鬼さんがごうくん逃がさんようにしとっただけじゃないの？ずるじゃないと思うけどな～」
ご　う：「ずるやもん。だってぼく逃げれんもん。先生文句ばっかりいうがやったら、入ったらだめ。男だけでするもん！」
　　　　近くで聞いていたかずやが来て
かずや：「氷鬼みんなでやったほうが楽しいよ。」
ご　う：「だめなが。ぼくのゆうこときかんなんしたらだめ!!」
　　　　そのあとも保育者に怒りをぶつける。
かずや：「みんなでしたらいいのに。」とぼそっという。
　　　　ごうは怒って、築山に登り座る。しばらくみんながしているのをみている。
ご　う：『やっぱ楽しそうやし、やりたいな』
ご　う：「休憩おわり～」
　　　　と降りてくる。走って逃げていく。鬼が追いかけていく。
　　　　りょうにまた捕まる。またごうを逃がさないように、ごうから離れない。
ご　う：「たすけて～」っと手を伸ばし、助けを求める。
かずや：「タッチ！」とタッチしてもらい、また逃げていく。
　　　　　　　　　　　　　　　　　　　　　　　　　　（子どもの名前は仮名）

考察

　鬼にタッチされないことが自慢だった本児が、捕まって、鬼に逃がさないようにされたことが許せず、思い通りにしたい！という気持ちがあらわれ、友達にも保育者にも怒りを思い切りぶつけていた。怒りをぶつけるだけぶつけ、築山に行き、みんなの様子を見ている時間で、気持ちを落ち着け、もう一回氷鬼しようと入ってきた。本児には、このように自分の思い通りにならないこともあることを遊びを通して経験してほしいし、怒ることばかりではなく、落ち着いて考えられるようになってほしい。本児にとっては、このように自分の気持ちを落ち着ける時間が必要ではないかと思う。落ち着いたことで、今度は逃がさないようにされても、ずるだとは言わず、続けていた。
【園内での話し合いより】
　鬼に逃がさないようにされたことが本児にとっては許せない、受け止められないというところから葛藤が生まれた。築山に登り、みんなの様子を見渡せるところに行くことで、自分と同じように捕まっている友達がどのように対処しているかを見ることができた。そうした時間で、本児は怒っていた気持ちを落ち着け、『友達とやっぱり遊びたい！』と思い、友達がしていたことを受け入れ、再び遊びに戻っていったのではないか。自己本位な考えをおしつけようとしていたが、結果的に友達の考えに調和していったといえると思う。本児にはこういった葛藤経験がまだまだ必要であり、今回のように保育者と話をしていく援助も必要だと思う。そして本児が相手の考えを受け入れ、遊びに戻っていけたことを保育者が認める言葉がけがあればもっとよかったのではないか。遊びに戻るきっかけとして「休憩終わり」という言葉を使う表現力はすばらしい。

例3　遊びを通して育っていくたしかな力が表現されている日誌

コメント1　日誌には子どもの姿を具体的に書く、そのことの意味を明らかにしてくれた日誌です。子どもたちの言動をそのまま書き綴っただけのものですが、よくこれだけリアルに記憶し書き綴ることができたものです。書いた人に聞いてみたら、保育中必要なことをさっとメモを取っているとのことでした。改めてメモの重要さを認識しました。

コメント2　ごうくん（仮名）という一人の、どちらかというと社会性の育ちがゆっくりしている子どもに視点を当てて書いたものです。

　タイトルの言葉はごう君の言葉です。4歳児の日誌にもありましたが、子どもの言葉を日誌のタイトルにすると本当にすぐにでも読んでみたい気持ちになります。ごうくんは、氷鬼をやっていて、友だちの鬼がごうくんからなかなか離れようとしなかったことを怒って、氷鬼をやめてしまいました。しばらく築山で見ていてまたもどりたくなったようです。そのとき「休憩おわり～」という言葉を発しています。社会性の育ちはまだ幼い様子でも言葉は確かに6歳らしい表現だったと日誌を基に園内研修した際、話しあっていることが愉快です。5～6歳になるとやたらに大人の言葉を使ってみたくなるようです。"やっぱし入ーれて"というのはちょっと照れ臭いし子どもっぽい。だから"休憩おわり～"などという表現をしたのでしょうか。いかにも6歳らしいではありませんか。

コメント3　クラスで書かれた日誌を園内研修で検討しあい子ども理解、保育のありようなどを学びあっています。担任だけでは気づかなかったことがより多くの人の目で見出されていくことが伝わってきます。

コメント4　社会性の発達がゆっくりしているごうくんが、大好きな氷鬼というルールのある集団遊びを体験しながら、自分自身で怒りを鎮め気持ちの切り替えをはかっていく過程（自律）が見事に表現された日誌です。こうした日誌を積み重ね、保護者や社会に子どもの遊びの意義をアピールしていくことこそ保育所の役割と言えるのではないでしょうか。

例4－1　　　　　　　　　やま組（5歳児クラス）日誌

2月 5日 火曜日 天候（曇）	在籍児童数	出席児童数	欠席児童数	記録者	園長印
	25人	21人	4人		

保健　風邪の予防のため、うがい、手洗いの指導を丁寧に行う	欠席児（理由） N・Y男―風邪（通院）　T・M子―気管支炎 M・S子、H・R子―家の都合

今日のテーマ：ねらいや配慮	活動の展開
◎ 氷ができる面白さ、不思議さに関心をもつ ◎ 氷遊びを通して氷の性質や気温との関係に気づく 環境構成と配慮 ・子どもたちが園庭の小さな池の氷を発見し、遊んでいた機会をとらえ、自分たちで氷をつくってみようと促す ・温度計 ・ミルクの空き缶、卵のケース、いちごのパック、プリン容器、発泡スチロールの惣菜容器、洗面器、タライなど…準備し、自由に選ばせる。 ★ 活動の継続として 　氷の穴あけ遊び、型押し遊びのためストローやひもを用意する	先月から、園庭の隅にある小さな池の氷をとって、宝物でも発見したように大喜びで見せ合っていた子どもたち。 　N男とR男たちは、その氷をバケツに入れてベランダに置いていたが、いつも昼ごろには溶けてしまい、悔しがっていた。そこで今朝は、いつもより厚く張った氷を皆に見せ、「どうして氷が張ったのかしら？」と問いかけてみる。T男「寒かったから」S子「冬だから」Y男「池の中に水が入っていたから」という答えが返る。㊩「寒かったらほんとに氷ができるかやってみようか」と話し、ひとり一つずつ容器に取水させ、氷ができそうな所はどこかしら？とそれぞれに考えさせ、置きにいく。㊩「寒いってどれくらいの寒さなの？」と聞いても、「わかんない」。ほとんどの子は、園内で最も寒そうな裏庭や池のそばに置いたが、H子、「先生、保育園には冷蔵庫ないの？」と訊きにくる。Y子は室内の流しの下に置いている。 　食事の後、待ってましたとばかり園庭に出て見に行くが、「まだ出来ていない」。　夕方も「いつになったら出来るんだ」と、半ば怒ったように見に行っていた。 明朝に楽しみをつなげることになる。

個人記録	・T男は水道の水より池の水の方が早く氷になると信じているようで、池の水を汲みに行く。 ・卵の容器に水を入れたK子は、ふたをして、ホチキスでとめる。 ・E子は容器を広げ、両方に水を入れる。	＜評価＞　寒くなると、氷ができるということは、どの子もわかっていたようだが、気温との関係に至っていない。氷ができそうな所を探し、いろいろなところに置いていたので、明日からはどこに置いた水が氷になっていたか、気温との関係や容器との関係に気づかせ、できた氷でいろいろな遊びを楽しませたい。 　氷ができなかった子どもにも、氷あそびができるよう準備する必要がある。

特記		家庭との連携		継続していく活動	読み語り（つづきもの）「ペンギンの冒険」 　つづきが待てなくて、自分で読み始める（N男、Y子）

例4－2　　　　　　　　やま組（5歳児クラス）日誌

2月　6日　水曜日　天候（曇）	在籍児童数	出席児童数	欠席児童数	記録者		園長印
	25人	23人	2人			

保健　風邪の予防のため、うがい、手洗いの指導を丁寧に行う	欠席児（理由） 　N・Y男―風邪（熱は下がるが大事をとって） 　T・M子―気管支炎

今日のテーマ：ねらいや配慮	活　動　の　展　開
◎ 氷ができた感動を味わい、できたわけ、できなかったわけを考える。 （気温／水量／容器などから） ◎ 氷に穴をあけたり、型押しなどして遊び、氷の性質に関心をもつ 環境構成と配慮 ・氷の穴あけ遊びの教材には何が適しているかを、いろいろためしながら考える ・氷の型押しの材料として椿の花や葉を準備する ・かがくのとも「こおり」を読む	登園すると、早速氷ができているか見に行く子どもたち。空き缶の氷が、5ミリ～8ミリ位の厚さにできていて、"すご～い、ぼくの氷だ"（S男）と大喜び。 プリン容器や発泡スチロール皿に水を張った子どもたちは、残念ながら凍っておらず、"なんでできなかったの"と、ぶつぶつ言いながらうらめしそうに、出来た子の氷をのぞいている。 卵ケースの両面に水を入れたE子のも、表面に氷ができていたが、ふたをしたK子の方は水のままである。 9時半に皆が集まった所で、まず、できた氷はどこに置いたものか、容器は何であったか、子どもたちに話してもらう。 H男「だって、お部屋は氷が張るほど寒くないもん」 S男「そうだよ、霜柱だって外しかできないしね」 ㊞「部屋と外では寒さはどれ位違うかな？何か調べるものないかしら…？」 誰も温度計には気づかなかったので、㊞が外に出しておいた温度計と室内のものを比べて、気温の話をする。 氷ができなかった子どもたちも、そのわけがわかったようで、「また、明日氷ができるかな」と早速容器を変えて氷づくりをはじめていた。 今日氷ができなかった子どもたちのために、冷凍庫でつくっておいた卵ケースの氷で、「これから手品をします」と、ストローを使って氷の穴あけを始めると、静まりかえって注目。 ひもを通して、"氷のネックレスで～す"と見せると"なんで穴があくの？"という疑問のことばが殺到する。"その答えは、やってみて考えてください"ネ。 あとは静まりかえってストローでの穴あけの不思議さをあじわっていた。

個人記録	Y・Y子…かぜぎみで、咳がでるため氷にふれたりせず、友だちの様子を見るように促す	＜評価＞　・春／夏／秋にもっと気温の差について、生活の中で関心をもつ働きかけがなされていればよかったと、反省する。しかし、今日はかがくのとも「こおり」を読み、零下4度というマイナス温度があることを、子どもたちは氷ができる温度と重ね合わせて知ることができた。 ・氷に穴をあけるのに使用したストローが、子どもたちの興味をわかせた。呼気の温かさや氷の性質に関心をもたせる好材料であった。

特記		家庭との連携		継続していく活動	読み語り（つづきもの）「ペンギンの冒険」

例4　活動が続いていった2日間の日誌
　　　―生活体験から考える力や学ぶ力を育む―

　年長児が以前に比べ幼くなっているといわれてきましたがなぜでしょうか？　集中力の欠如、仲間の中で育つ社会性や自律性の欠如などが指摘されてきました。小学校では学級崩壊や学力低下が話題にされてきました。このたびの幼稚園教育要領、保育所保育指針の改定のポイントになった小学校との連携の意義もそこにあったようです。自己抑制、協同的学び、体験の多様性、関連性というものが小学校につながっていくよう求められています。すなわち幼児期は「子どもが夢中になって遊び生活する中で成り立つ学びへの援助」をいかに豊かにしていけるかです。「なぜ？」「どうすればいいのかな？」「わかった！」などと考えながらあれこれやっている時の子どもたちの目の輝き、知らないことやわからないことがわかっていく喜びや楽しさこそ、子どもたちの求めてやまない遊びに秘められた魅力、宝物といえましょう。年長児においてはとくに「協同的学び」の重要性が提起されています。「幼児同士が保育者の援助のもとで、共通の目的、挑戦的な課題など、一つの目標を作り出し、協力して解決していく活動」です。四季折々の園生活の中に生じる子どもたちの興味、関心、願いや要求を興味の共同体、要求の共同体として形成し、その要求の実現を目指して遂行していきます。
　この「氷作り」の日誌も協同的学びに発展していく始まりのところです。
コメント1　日誌の様式は主な活動ばかりを書くことが求められているため、年長児には使えますが3歳、4歳児の日誌としてはあまり適切ではないかもしれません。ただし使いようで「今日のテーマ」というところをたとえば「自由遊びの充実」というように書き入れていけば、園生活のさまざまな保育展開を書けるようになるかもしれません。
コメント2　氷作りに関心を示さなかった子はいなかったでしょうか？

そういう子どもとのやりとりを書くことも忘れないでください。
コメント3　リアリティのあるねらいが立てられているため、評価の視点もはっきり記述されています。
コメント4　6日の日誌より。
「幼児では感動と思考は結びつきが強く、絶えず体験の中で重なりあい、感動は思考をおしすすめ、思考はまた、新しい感動を呼び起こす働きをする」『幼児の科学教育』中沢和子著　P59　国土社）。感動のある体験がいかに子どもたちの考える力を豊かにしていくものであるかを改めて学ぶこととなった日誌です。

　しかし、氷ができたかできなかったかを気温と容器の両方から一緒に考えさせようというところに子どもたちの混乱を招きはしなかったか心配になります。氷ができた場所は、外か室内かを比較し考えることは年長児にも可能であると思います。がたとえば、プリン容器や発泡スチロール皿に水を入れたものは凍らなかったと書いていますが、その原因は本当に容器のせいかどうかです。発泡スチロール皿でも置き場所（気温）によっては凍ることもあります。気温と容器を一緒に考えることに無理があったのではないでしょうか。見た目の変わったいろいろな氷を作って楽しませたいという保育者のねらい（願い）と、どうして凍るのかを考えさせたいというねらいを一度に持ってきてしまったからです。指導計画を立てるということは、保育者が5歳なら5歳の身になって考えてみることです。保育者のちょっと欲張った思いだけでねらいがたてられてしまったのではないでしょうか。
コメント5　ストローによる氷の穴あけどんなにか楽しいことでしょう。しかし前述しましたが、幼児にはもう少しゆっくりした活動展開が求められます。活動の流れとしてまず「どうすれば氷ができるか」を知る（ここでは当然できなかったという悔しい体験も大切になります）→みんなが氷のできた感動体験を味わう→氷の厚さの違いに気づかせる（なぜだろう？　なぜかしら？）→できた氷で遊ぶ→いろいろな氷を作

ってみたいという要求を起こさせる→いろいろな容器で氷作りを楽しむ、というふうに頭の中で順を追った展開を考えてみることです。

コメント6　さて氷作りは今まで各地でいろいろな実践が行われてきました。私は子どもたちと「世界一大きな氷を作ってみよう」と呼びかけ、けっきょくプールに水を張ってスケートを楽しむ（？）まではいきませんでしたが、それは楽しい思い出になりました。「年長児の学びを協同的な学びへと発展させていくために（一人で考えるより多くの友だちの気づきや考えや発見を取り入れながら）みんなで一つの願いをもってともに新たなものを創造していく力、園生活の二度と得られない自分たちだけの活動として」ぜひこうした実践を大切にしていきたいものです。

8　異年齢クラスの日誌の書き方と評価

　異年齢保育を行っていることでよく質問されるのは、『どの年齢にポイントを置いて保育をすればいいのか』『年齢ごとにどのように言葉をかければいいのか』ということです。年度当初は、それまでの同年齢保育クラス（2歳児）から移行してくる3歳児や新入園児に、生活の流れをしっかりと理解してもらうための配慮が占めるウエイトが大きいです。しかし、年度末になってくると逆に、就学前に向けた5歳児の活動と共に、新4・5歳児になる子どもたちに大事な仕事の引継ぎなどが行われます。

　年齢ごとに言葉をかけるというよりも、たとえば保育者は4歳児に話をしているつもりでも、同じ部屋にいる3歳児も5歳児も当然聞いているわけです。それで十分理解できている子もいれば、わからない子もいます。年齢の違いというよりも、一人ひとりの子どもによる違いのほうが大きいようです。ですから保育者はおのずと、伝えようとしていることをその子がどのように理解しているのか、一人ひとり見きわめながら働きかけるようになっていきます。また日誌もその年の保育者の保育の柱や保育形態によって、書きやすいように少しずつ変化してきています。

　事例にあげられている4月の日誌では、新しいクラスの始まりにあたり、混乱と不安を回避するために担任が行った手立てが書かれています。まず、前週の反省のところに、2～3月から新3歳児は異年齢クラスでの生活を経験していたことが書かれています。この活動も、小さな2歳児集団からいきなり大きな3～5歳集団へ入ることによって、とまど

週案及び日誌（

H　　年度　　こすもす組（3・4・5歳児）

前週の反省		月	欠席児：A子（風邪）、B男（熱発）	火	欠席児：C子（風邪）、B男（熱、電話で様子を尋ねる）
新3歳児は、2～3月から慣れるために、少しずつ2階に上がって生活したり、一緒に3～5歳児と活動したりしてきた。しかし、本格的に2階での生活が始まり、今までの（2歳児クラス）生活との違いや4・5歳児と一緒の大きな集団での生活等、初めて経験することに不安を感じている。新4・5歳児同士も1年間は共に生活し、知り合っているが、新3歳児が加わったり、担任が替わったりして変化があったことで不安を感じている。	ねらい（年齢別）		・3歳児－自分の持ち物の置き場所や登園降園時の手順等、生活の場所・流れを知っていく。（わからないときは保育者に尋ねる） ・4歳児－自分の生活の場所・3歳児が加わったこと・保育者が変わったこと等変化したことに慣れる。 ・5歳児－4歳児と同じように、生活等変化に慣れる。ある程度自分の事は自分でできるので、できずに困っている友達に気付いたら、声をかけたり、保育者に知らせたり、手伝ったりする。		・3歳児－朝、登園時保育者に声をかける ・3～5歳児－進級式・入園式に参加する。園児代表として式に参加することによって、進級した喜びや新しい友達を迎えた喜びを味わう。 ＊3歳児の受け入れには十分気をつける。朝、顔を見ながら、声をかけたり、手をつないだりして安心してクラスに入っていけるように配慮する。 ＊4・5歳児も戸惑っている子がいないか気をつける。
	活動内容		◎園庭（詳細略） ◎3歳児－まずは保育者と一緒に好きな遊びを楽しむ		◎進級式・入園式に参加する ◎ベランダで遊んだり、昼食を食べたりする（詳細略）
今週のポイント ・新しい生活の場所（自分の荷物を置く所、トイレや洗面所等）を知り、少しずつ、生活の手順等に慣れていく。 ・共に生活していく新しい友達（3～5歳児）を知る。 ・保育者は、子ども達がまずは自分でやってみて、うまくいかなかった時など訴えてきた場合はしっかり受け止め、少しずつ信頼関係を築いていけるよう努力する。	子どもの様子		園庭で外遊びを楽しむ中、3歳児の受け入れを行った為か、どの子も泣かずに保護者と別れて遊びだすことができた。しかし、2～3月から2階のクラスの生活を経験していても食事→歯磨き→着替え→排泄という生活の流れはまだまだ理解できていない。戸惑っている子が多かった。4～5歳児は、今までの経験があるため、自分達でスムーズに行っていた。		入園式の時、2クラス（なのはな・こすもす組）に分かれるよう伝えるが、3歳児の中にどちらのクラスの席に座ってよいのかわからない子が何人もいた。4～5歳児も自分と同じクラスの子が誰なのかわからず声をかけることができないでいた。
	反省		<u>生活の流れは言葉で伝えるだけでなく、表にしてわかりやすくする工夫が必要だと感じた。早速、スケジュール表を作成する。園庭に出て遊ぶ中での受け入れは、子ども達が落ち着いて遊びだすことができるようなので、このまま続けたいと思う。その際に、他のクラスとも十分連携をとり、たっぷり遊べるようにする。</u>		3歳児の戸惑いが大きいのが当たり前だ。しかし、保育者だけでは、気付かずにいる場合も多いと思う。5歳児に自分のクラスの3歳児のメンバーを伝えておき、保育者だけでなく、5歳児にも声をかけてもらう。明日から朝の集まりなどで、名前を呼ぶなどし、クラスの仲間をお互いが知っていけるようにしたい。
	個別				

★先生が固定して、戸外の受け入れを行っているのは、とても周りから見ていて社会保護者と別れる際の子どもの表情が良いからです。子ども自身が「さあ、

4 月 1 週)

	園長	副園長	主任	担任

/ 水	欠席児：B男（熱）	/ 木	欠席児：B男（夜電話で様子を尋ねる）	/ 金	欠席児：C子（風邪）
	・3歳児－自分のクラス（異年齢クラスは2クラスあるので）やグループ名（3歳児は年齢別名称がうさぎグループなので）等を知る。一緒に生活している友達の名前を知る。 ・4歳児－自分のクラスの3歳児の名前を知る ・5歳児－3歳児の名前がわかるようになる。（例：保育者から「Aちゃん連れてきてくれる？」と頼まれた時、すぐにわかる）		・3～4歳児－各年齢ごとに保育園探検に出かけ、保育園の中の部屋や先生たちを知る。他のクラス（2歳児以下）の子ども達と触れ合うことで自分たちが改めて大きくなったことを感じる。 ・5歳児－初めて針を使って、こいのぼりを縫う。		・3歳児－同年齢のグループ活動を行う。生活を、同年齢グループで過ごすことでお互いをよりよく知る。（例：食事・午睡の準備を行う等） ・4～5歳児－共に1年間過ごしてきている2年齢でグループを作り、活動する。生活する上で必要な作業（食事の準備・掃除等）を保育者と一緒に行う。
	◎朝の集まり（詳細略） ◎ラディッシュの種撒き・トマトの苗植（詳細略）		◎年齢別活動 3歳児－保育園探検に出かける。（詳細略） 4歳児－保育園探検に出かける。（詳細略） 5歳児－こいのぼりを縫う（詳細略）		◎グループ決め（詳細略）
	今日から新入園児が登園してきた。が、2人ともクラスの中で遊びだすことができず、不安そうにしていた。その為、今日は朝の集まりをやめて、まずは保育者がずっと2人のそばにいて見守りながら遊びに誘うようにした。他の子ども達は名前等知りたくてたまらないようだったが、近づくと泣き出すので距離を置いて眺める状態だった。		初めての年齢別活動だったが、各年齢に1人ずつ保育者がついて活動できたので、子どもたちの様子にも目を配ることができ、落ち着いていた気がする。3歳児は、持ち上がりの保育者と園内探検に出かけ、とても嬉しそうだった。 5歳児は（中略）『針』という特別な道具が使えることで生き生きとしていた。4歳児は各年齢の間に挟まれていて、何か目立つことをさせたいと思っていたので、新しい歌を、まず4歳児だけに教える。（略）		最初に、4,5歳児それぞれ年齢別に分かれて、2人組を作る話し合いを行う。4歳児は、2人組になりたい友達に一貫性が無く、コロコロ変わる。5歳児はなかなか意見が出ない。一人ずつ「誰がいい？」と聞いても「他の子と一緒になったら悪いから」と遠慮してはっきり言わずに下を向いてしまう子が多かった。結局、今日は決まらずに終わる。
	今日は、集まりをするとかしこまった感じになり、新入園児が緊張するかもしれなかった。が、他の子ども達が知りたがっていたので、名前を知らせる工夫（例：自己紹介ボードを作成しておく等）をすればよかったと思った。		4歳児の歌は、どの子も興味を持って取り組めるように、前もって朝の時間等で少し歌っておけばよかったかなと思った。		今まで話し合いをするという経験をほとんどしていなかったのに、いきなり「誰と2人組になりたいか？」と聞かれ、戸惑ってしまったようだ。皆で話し合う前に一人ずつ前もって誰となりたいのか聞いておいてから、話し合いに入ればよかったと思った。
	・D子（詳細略）		E男・F男・A子（詳細略）		G男（詳細略）

ていいと思います。　　　　　　　　　　福祉法人ひまわり保育園　　　神崎　真由美（熊本県）
これから遊ぶぞ」と気持ちを切り替え、納得して別れていると感じます。

いから興奮したり、泣いたりすることがあったので始めることになったのです。当然、前担任から一人ひとりの子どもについて引継ぎを受けるのですが、子ども自身が４月から異年齢クラスに移行する前に、大きい集団での生活を経験しているのといないのとでは、とても違ってきました。

　朝の受け入れも、開放的な外遊びを行いながら受け入れるという方法を取っています。これは戸外の方が隣の人とぶつからずにある程度の広さを一人ひとりが確保でき、また自分が気持ちを切り替えるために適した場所を見つけやすいような気がするためです。また、一人ひとり切り替えるために要する時間も違うわけで、その時間を確保しやすいということもあります。ぼんやりと座り込んでいても、花壇の花を眺めていてもかまわないわけです。

　４月の最初の週は、年齢別の活動を設けています。５歳児以外は、保育園探検が主な活動になりますが、それまでずっと一緒に過ごしてきた見慣れたメンバーで群れて活動する時間が大事です。目立たないですが、４歳児への『各年齢にはさまれていて、何か目立つことをさせたい』という保育者の配慮も、子ども達の心の中に大きな弾みをつけます。

　12月の日誌になると、行動範囲も広がり、活動内容も充実したものになってきます。今、年齢的発達を考えたとき、何を経験すべきか、動と静の活動バランスも考慮しつつ日々の活動を行っていきます。

　日誌等記録類は、園長・主任保育士がチェックを行いますが、その際、気になるところには、赤い波線を引き、コメントを記入しています。保育者が気付いた日常的な発見や悩みに対し、きちんとコメントを行うことが、いつも保育を見守っている証であり、励ましにつながっていきます。もうひとつ大事なのは、日誌の一番上の欠席理由と欠席者の欄です。病気のときはとくに子どもも親も不安になるので、こまめに連絡を入れ様子を尋ねるようにしています。そして電話等で確認した際には、内容はもちろん誰がいつ確認したのか記録に残すようにしています。

第 **2** 章

子育て支援になる連絡帳

1　連絡帳の意義と役割

1）連絡帳は子ども理解のドキュメント＆＜わが子の成長記録＞

　1日の大半を保育園で過ごす乳幼児にとって、保護者の協力なくして保育は成立しません。このたびの指針の改定においても保育所における保護者に対する支援の基本として、「(二)　保護者とともに、子どもの成長の喜びを共有すること」と記述されています。すなわち保育者は、親と子どもの関係に着目し、保護者の養育力を支え、子育てのパートナーとしての役割を担うことが求められています。子どもが育つ生活の基盤である家庭と保育園の24時間の生活の連続性が、子どもの心身の安定にいかに重要かは言うまでもありません。連絡帳は一人ひとりの子どもの保護者と、子どもの成長を見つめあう「成長記録」であり、「互いにその子どもの理解をしあうドキュメント」でもあり、さらに「家庭と園をつなぐ架け橋」です。とくにまだ自分の思いや要求等を言語化できない3歳未満児にとって、園や家庭での生活の様子や食べたものなど必要事項が克明に記載されている連絡帳は、保護者にとっては育児の記録、保育者にとっては個別の保育記録にもなります。

　さらに一人ひとりの成長を見つめあい、喜びあうものです。初めての子どもが入園し、半年たったある日、保護者が連絡帳に書いてくださった言葉が忘れられません。「親以外の他人ともいえる保育園の皆さんに、これだけ愛され、いろいろなことをわかってもらえるわが子はほんとにしあわせものです」。また思いもかけず卒園児の結婚式に呼ばれた際は、分厚い保育園時代の連絡帳を見せられ「この子の保育園時代に先生方と

やり取りしたものです。貴重な育児日誌です。これを娘に持たせたいと思っています」と話されたことは、私の連絡帳に対する思いを確固たるものにしました。書かれたものは長い時間を経て「育てられるものから育てるものに変わるそのときにも生かされるもの」なのだと……。

　年度の最初の懇談会には、保育者から連絡帳の役割について保護者にぜひ伝えてほしいものです。

2）子育て支援としての機能

　連絡帳は「子どもの育ちを確かめ合うもの」であると同時に、子育ての仕方がよくわからず自信が持てない保護者にとって「質問や相談が日常的に気楽にできるもの」です。保護者が日頃悩んでいることや、疑問に思っていることが、連絡帳のやりとりで解消していき、精神的に安定を取り戻していけるのであれば、子育て支援の機能を十分に果たしているといえましょう。

　さらに保育園での子どもたちの様々な姿（たとえば、偏食が出てきたとか、おしっこの失敗が続くようになったなど）に対して、保育者がどのように関わっているのかを具体的に伝えます。偏食は、自我が芽生えてくるとどの子も "こっちは好き、こっちは嫌い" と好きなもの、嫌いなものを判別できるようになってきたという成長を表すものです。だから園では、強引に食べさせることはせず、いやいやと拒む子どもに対して「そうか。○○ちゃんは、好きなものと嫌いなものを主張できるようになったのね。わかったわ。それじゃあキュウリさんとキャベツさんとどっちか片方だけ食べてみようか。どっちを食べる？　などと○○ちゃんに決めさせるようにすると "こっち" と言いながら少しつまんで食べています」というように保育者の関わりを具体的に書くことで、保護者は『そうか、好き嫌いが出てきたらそのように対応すればいいんだ』と気づいてくれます。教えるというよりは気づいてもらえるように園での保育者の関わりを書くことが最も効果的な支援になります。

＜例1　保育者の子どもへのあたたかい眼差しが感じとれる＞

> 保育園より　　（1歳児組）
> 　食後、友だちのえいじくんとふざけっこしていたHくん、めずらしく立ったままおしっこをしてしまい、黙って立ちつくしていました。私が「Hくん、おしっこが出ちゃったのね」と言って拭いていると、「ちがう…みず」という返事。「もうぼくおおきくなったんだ。だからほんとはおしっこなんて失敗したくなかったんだ…」と訴えたかったのでしょうね。Hくんの心に大きくなった自分を主張したい自尊心が芽生えてきたことを感じました。
> 　だから私も「そう、お水が出ちゃったね」と言って拭きとりました。
> 　2～3歳にかけ、子どもたちの心に「おにいちゃんになった自分、大きくなった自分を認めて！」という思いが広がってきます。おとなからそれを認められることで「自分の気持ちが大切にされた」と感じ、人の気持ちも大切にしたいという思いが、育っていくのだと思っています。心に残る一場面でした。

＜コメント＞

　保育者はH君の自尊心の育ちを、大切に受け止めています。それが人の気持ちを大切にする心を育てるという、保育者の見方がきちんと書かれています。H君の自尊心の育ちは、まだ保護者も気づいていないと思います。保育者がそこまでわが子を見ていてくれることに気づけば、保護者は家庭で排せつの失敗をしたときでも、ただしかるだけでなく、失敗したくない気持ちを思いやることができるようになります。

　また、保育者の子どもに対する見方やかかわり方まで伝わってくると、「先生はうちの子をよく見てくれている。先生の目は温かい」と感じるでしょう。それが保護者の子育てを省みるきっかけや励みとなります。

2 保護者との相互信頼を育む連絡帳の書き方

1) 子どもの姿や育ちを効率的、かつ具体的に書く

　子どもたちを寝かしつけ、いざ連絡帳を書く時になって「さて今日は何を書こうかな？」と思い出そうとしてもなかなか浮かんでこない…。考えているだけで時間ばかり経ってしまいます。効率的に書くポイントの一つは、書くべき必要な事柄を保育しながら見つけておくことです。日頃からどれだけ子どもたちの育ちを見ようとしているかにつきるのではないでしょうか。

　「書くことはよく観ることのトレーニング」です。子どもたちのつぶやきにしても「聴こうとしなければ聴こえてこない」ように、連絡帳に書くべき事柄も、見ようとしなければ見えません。『一人ひとりの保護者に子どものどんな育ちを伝えられるかしら…』という気持ちで見ていれば書く事柄は保育をしながら決まってきます。『散歩に行くときいつも保育者でなければ手をつながなかったM子ちゃんが、今日はなぜか初めてお友だちと手をつなぐことができた。今日はぜひこのことを連絡帳に書いて知らせましょう…』などと心を動かしながら見ていくことが大切だと思います。だから書けない理由は、必ずしも書く時間の問題だけではないような気がします。

　保護者が連絡帳に期待していることは『うちの子は今日、保育園でどんなことをしてすごしたのかしら…』、要するに園での子どもの様子を知りたいのです。ですから連絡帳にはまず、その子の姿が見えてくるよ

うに、浮かんでくるように具体的に書きましょう。抽象的、羅列的な書き方では見えてこないことを次の例で確認しましょう。また誰にでも当てはまるような書き方になっていませんか？　連絡帳はＡ子ちゃんならＡ子ちゃんについてその子の保護者と保育者がともに手を取り合って育んでいくノートです。したがってその子自身のことが見えてくるように書いてほしいものです。もしあなたが保護者だったらどういう記述をうれしいと感じるでしょうか。

＜例２　具体的でない記述①＞

誰にでもあてはまる概括的な記述になっていませんか？	
１歳児組	久しぶりの登園でしたが、保育者の膝に入って好きな絵本を読んでもらい楽しく過ごしました。
２歳児組	椅子に座って型はめ遊びをしました。その時はよく集中していました。
２歳児組	天気がよかったので今日も園庭で遊びました。友だちと庭を走り回ったり、ブランコに乗ったりしてとても楽しそうでした。

＜コメント＞

　何を書きたかったのかが伝わってこないものは保護者が読んでもつまらないものになってしまいます。

　友達は誰だったのか、具体的に名前をあげて書いたり、友達ができてきたこと、その友達と一緒に遊ぶ楽しさを味わえるようになったことなど記述することで、その子の今の心境が感じとれるようになります。

　保護者にとって、わが子の姿が目に浮かんでくるように書いてあると、「○○ちゃんと遊べて楽しかった？」「なかよしになったのね」など子どもとの会話がはずみ、園生活の喜びを親子ともども確認する機会になります。

<例3　具体的でない記述②>

> 園から家庭へ　　（2歳児組）
> 　最近Bちゃんは、よくお話ができるようになってきました。

⇩

> 園から家庭へ
> 　食事のときBちゃんが「パパ会社、ママ病院、あたし保育園」と、お父さんとお母さんがどこでお仕事をしているかを話してくれました。このごろよくお話ができるようになりましたね。

<コメント>
　Bちゃんのお話が聞こえてくるように実際の話し言葉を書くと、保護者はわが子の話し声が聞こえてくるように感じてうれしくなります。

<例4　具体的な記述>

> 家庭から園へ　　（0歳児組）
> 　「人見知り」が急に激しくなってきました。小さな子どもに対しては大丈夫なんですね。さくらんぼ組の先生とほかの組の先生の区別ができるようになったんですね。
>
> ----
>
> 園から家庭へ
> 　本当にそのとおりです。さくらんぼ組でいつも自分の世話をしてくれる保育者たちのことを、ちゃんと覚えてくれるようになったようです。ほかのクラスの先生は知らない人なので不安になります。よく知っている人と知らない人を見比べて『よく知っている人がいいの！』

第2章　子育て支援になる連絡帳　　93

と、選択している姿が人見知りです。自分を守ってくれる人への信頼が生まれてきた証拠です。ところが小さな子どもに対しては、よく知っているかどうかなど、関係ないんですね。小さな子は不安の対象ではないようです。子どもたちの人を見分ける力の巧みさに驚いてしまいます。

2）お互いの意見交換が気楽にできるように
　　―一方通行になっていませんか？―

　次の事例は保護者がA男くんのだだこねに悩んでいるのに保育者は少しも共感していません。残念ながら心の通い合いが感じられません。保護者の質問や相談事に対し、保育者がどのように受け止め答えてくれるかが保護者の大きな関心事です。書いたことに対して何の反応もなければ『読んでもらっていないのかしら』『こんな質問をしてしまいまずかったのでは…』など不安になり、書く気がなくなってしまうのは目に見えています。連絡帳は家庭と園を毎日往復し、互いの様子を伝えあったり、保護者と保育者の意思の疎通をはかったりするものです。朝夕の登降時に保護者と会えなくても連絡帳があればお互いに聞いてみたいこと、連絡したい事柄が伝わります。小さなことでも日常的に保護者とのやり取りをていねいにしながら通じ合える喜びや安心感を育んでおくことが大切ではないでしょうか。

<例5　一方通行になっているもの①>

　家庭の生活　9月12日（木）1歳児
　　今日はよく泣いて夜を過ごしました。あんぱんをもっともっと食べたいと泣き続け、同じ飲料水のパックなのに冷蔵庫を開けては、「これがいい、あれがいい」と泣き続け…。A男に泣かれるのが一番こた

えます。

園の生活
　敬老の日の集会に参加しました。圧倒されて椅子から保育者の膝に。膝の上だと、保育者のおてもやん、ひまわり組の合奏「ドロップス」、おじいちゃんおばあちゃんのまりつき、お手玉などよく見ていました。

＜コメント＞
　保護者の悩みに共感する一言「自我がめばえてくると対応に苦労しますね」がほしいですね。

＜例6　一方通行になっているもの②＞

家庭の生活　11月29日（金）　1歳児
　あっという間に、B男が誕生して、2年になりました。1歳の時も、たくさんの人からお祝いをいただきましたが、2歳のお誕生日も、いろいろな方からプレゼントをもらって、大喜びの夜を過ごしました。

園の生活
　ハサミで紙をチョキチョキして遊びました。はじめはうまくハサミを持てなかったB男君も保育者の真似をして、持ち方はなんとか…まだ、うまくは切れるようにはなりませんが、楽しんでハサミに挑戦していました。

＜コメント＞
　せっかく家庭で2歳の誕生祝いをしたと書かれているので、せめて「お誕生日おめでとうございます」という一言がほしいですね。

第2章　子育て支援になる連絡帳　　95

＜例7　保護者の悩みに的確に答える＞
0歳児組（おしゃぶりについて）

家庭の生活

　お休みの日は、1日中おしゃぶりをしています。アゴを発達させるとか、鼻呼吸を促すとか、よい面もあるようですし、何よりおとなしくなるので、ついつい使ってしまうのですが、これでいいのかなと心配しています。

園の生活

　おしゃぶりのこと、いろいろ情報があり、お母さんも悩みますよね。口の感覚は最初に発達するので、赤ちゃんが手や遊具をなめたりしゃぶったりすることは、周りの物を覚えていくうえで自然な姿と言われています。また、口からは安心の感覚も得られるそうで、不安な時は指やおしゃぶりをしゃぶると落ち着くようです。

　ただし、口はコミュニケーションにも使われるので、人と関わりを広げていくうえでは、ずっとおしゃぶりをしたままというのはどうでしょう。寝つく時や外出時だけにするなど、使う時間を決めるとよいかもしれませんね。

　歯並びに影響する場合もありますので、2〜3歳までにやめられるとよいかなと思います。もうすぐ歯科検診があるので、ドクターにも聞いてみましょう。

　どうしてもその日に書けないような時は「後日、必ずお返事させていただきます」と一筆入れておきたいものです。

　また保護者の相談事や悩みには、その年代に共通してみられる話題があります。一人ひとりに対してそのつど詳しく返事を書くのは大変なの

で、そのような時は下記のようなプリントを用意し、連絡帳に添付するのも一案です。また共通の悩みなどはクラス便りや、懇談会の話題に取り上げるなどして保護者同士の連携を育むきっかけに活用するのも一案です。

＜例8　子どもの発達過程に見られる共通の相談事＞

家庭から園へ　（1歳10ヵ月）

　近ごろ「イヤー、○○しない」が多くなってきました。「歯磨きイヤ、着替えイヤ、寝るのイヤー」と言います。そのうち何がイヤだったのかも忘れ、すべてがイヤ、イヤで泣き寝入ることが多くなってきました。こんなとき、どんな対応をすればよいのでしょう。

園から家庭へ

　お母さんが書いてくださった通り最近のAちゃんは自我が芽生え、しっかり自己主張するようになってきましたね。Aちゃんが初めて体験する「人とのぶつかり合い」でもあります。大好きな大人に「いや」「だめ」と拒否することで、『もう赤ちゃんじゃないんだから』『いちいち命令しないで。自分で決めたいんだから』と訴えているようです。

　今は、他者の要求とぶつかり合い、自分の要求がいつも通るわけではないことを学ぶチャンスです。だからといって自我が芽生えてきた子どもに、「だめですよ」「いけません」と、大人の側の一方的な圧力でしつけようとすると、たんなるぶつかり合いで終わってしまいます。しつけは押し付けではありません。そこではせっかく芽生えてきた自我の芽を摘み取ってしまいます。そこで大人が子どもとしっかり向き合って対話する、折り合いをつける子どもとのつきあい方のプリントを添付しましたので参考にしてください。

＜折り合いをつける子どもとのつきあい方＞　＊添付プリント

①「ごはんにしましょう」→「イヤイヤ」
「そう、まだ食べたくないって思ったの?」と、まずは子どもの気持ちを言葉にします。これをラベリングと言います。
②しばらく待ってから大人の考えを述べます。→「お母さんはおなかがすいてしまったから、先に食べたいの。じゃあ○○ちゃんは食べたくないからあとで来てね。それでいい?」
　子どもが他者と折り合えるのは、自分の思いを相手に受け止めてもらっている、理解されている、尊重してもらえたという、その人への信頼感が生じていることがなによりも大切です。
③なんにでも「イヤイヤ」→ときにはユーモアで対応するのも効果的。
「うわあ、Aちゃん。イヤイヤ虫がいっぱいくっついている。頭にも、ほらつかまえた」と言って「プッ」と虫を飛ばすしぐさをします。それを肩、背中、おへそ、おしりにやっていきます。そして「これですっかりなくなった。よかったね」と言うと、泣いたり怒ったりしていた子も、いつの間にか大人のすることに見とれて、「もういない?」なんて聞いてくれます。折り合いをつける進め方は、5歳、6歳になっても生かされる子どもとのつきあい方です。ぜひ、やってみてください。

3) 保護者に不安を与えるような記述や、否定的な表現を避ける

　私がまだ保育者になって3～4年くらいしかたっていなかった頃、何の気なしに「○○ちゃんは、今日は朝から理由もなく泣いてばかりいました」と書いたところ、保護者から「子どもが理由もなく泣くことはありません。先生はちゃんと見ていてくれたのでしょうか」と指摘された

ことがありました。ここで問題だったことは「理由もなく」という表現です。私としては、さほど大きな理由もなくよく泣いていたということを伝えたかったのだと思いますが、意外にも保護者の不安を大きくする結果となってしまいました。「食事を口の中でため込んでしまい、なかなかのみこめません」「指しゃぶりが多くなってきました」「よくトラブッています」など、気になる子どもの姿だけを否定的に書いてしまうと、保護者はどうしていいか分からないだけに『早くごっくんしなさい』『また指しゃぶりしてる』『どうしてあなたはトラブルばかり起こすの?』と子どもを追い詰めてしまいます。これでは保護者の不安や悩みを増幅するばかりです。連絡帳を読む保護者の立場になって、肯定的に書くよう配慮したいものです。

＜例9＞

> 園から家庭へ　　（2歳児組）
> 　紙を切って遊びました。お片付けの時間になってもしばらく切っていました。
>
> ーーーーーーーーーーーーーーーーーーーーーーーーーー
>
> 家庭から園へ
> 　おうちでもおもちゃのおかたづけがなかなか上手にできません。私がごはんを作ってる間に部屋中すごい状態になっています。上手にできるようになるといいんですが…。

＜コメント＞
　何を伝えたかったのでしょう。保護者の不安を招いてしまっています。

第2章　子育て支援になる連絡帳

＜例10　新入児の保護者に＞

> 園から家庭へ　　（2歳児組）
> 　今日も、やっぱり1日中泣いてばかりいました。

＜コメント＞
　このように否定的に書くと、保護者は不安になります。そこで下のように視点を変えてどんなときに泣きやむかを書くと、保護者に『よく見てもらっている』という安心感を届けることができます。

> 園から家庭へ
> 　Aちゃん、泣いていても音楽が聞こえてくると泣きやむんですよ。きっと音楽が好きなのかもしれませんね。昼食のときも食欲があったので、泣かずに全部食べました。

＜例11　気になる姿だけを記述し、対応が書かれていない連絡帳＞

> 家庭の生活　　（2歳児組）
> 　連休中は車でのお出掛けも多く家にあまりいなかったのだが、とても元気よく遊んでいました。土曜日の夜と日曜日の昼はたっぷり食べたせいか、1時頃のウンチはとても量が多かったです。また咳が出るようになり、ちょっと心配です。
> -
> 園の生活
> 　連休疲れかな？　食欲もあまりすすみませんでした。友だち同士の関わりも少しずつ出てきて、よくイザコザを起こしています。

⇩

園から家庭へ
　連休の家族の様子がよくわかりました。最近園では友達に関心が出てきて、散歩に行くときなど「お手々、つなごう」などと、Kちゃんから積極的に手を差し出したりしています。そんなとき「イヤ」と拒まれると、それは悔しいですよね。怒って友達を"エイッ"と押したりしてトラブルになったりします。そこで保育者が「Kちゃんは友達と手をつなぎたかったんだよ。だから一緒に手をつなごうよ」などと、Kちゃんの気持ちを伝えると、うれしそうにうんうんとうなずいています。Kちゃんは友達と手をつなぐと、本当にうれしそうな顔になります。

＜例12＞

園での生活　（2歳児組）
　午前のおやつの後、下痢をしてしまいました。元気もあまりなかったので散歩は控え、フリーの先生とお留守番をしました。

⇩

　午前のバナナと牛乳のおやつを食べた後、下痢をしてしまったのでだいじを取って散歩は控え、フリーの山本先生と部屋でゆっくりパズルで遊んだり、Mくんの大好きな『もこもこもこ』の絵本を読んでもらって過ごしました。検温をしたところ平熱でした。その後は機嫌もよく給食も食べたがりましたが、揚げ物だけはやめておきました。食後の下痢はなかったので安心しました。

＜コメント＞
　「下痢をしてしまいました」だけでは保護者も心配になります。健康状

態は詳しく伝えてください。またお留守番と書くだけでは一人残ってさみしく過ごしているように思われてしまいます。何をしていたのか具体的に書くと様子が浮かんできてほっとしますね。

4）マイナスなことは書かないほうがよいのでしょうか？

　それでは子どものマイナスと思えるような事柄は書かないほうがよいのでしょうか？　園によっては「書いたものは残ってしまうのでそのことでトラブルにならないよう連絡帳には書かず、話すようにしましょう」と言われているところが多いようです。が、当たりさわりのないことばかりでいいのでしょうか？　保護者の身になると、わが子のいいことばかりではなくありのままの姿、本当のことを知りたいということが本意だと思います。煩わしさを共有することで人間関係が深まるという真理もないがしろにはできません。ですからありのままの姿を肯定的に書く力をつけてほしいと思います。

　たとえば、口にためこんでなかなかごっくんができない子どもに対して、姿はありのまま書いたとしてもそれで終わらせず「保育者が一緒に食事をし、よくかんだ後、ごっくんとのみこみ、ほら口の中がからっぽ」と示します。そうすると〇〇ちゃんも保育者の模倣をしてごっくんするんですよ」と保育者の関わりを書けば、保護者は「私もそのようにやってみよう」という気持ちになってくれるのではないでしょうか。さしさわりのないいいことだけしか知らせていないと何かあった時、『以前から兆候があったはずなのになぜ知らせてくれなかったのかしら……』と保護者は園や保育者に不信感を募らせます。

　たとえばかみつきがあった時は、友だちにかみつきをしてしまったこと、その状況を知らせ、まずは防げなかった事態を謝りたいと思います。そしてなぜかみついてしまったのか？　行為の意味を伝えたうえで、保育者がどう対処したか、今後かみつきを防ぐためにどのようにしていくかまでしっかり記述できれば、保護者は事態を受け入れられるようにな

ります（例13）。なぜそういう行為をしたのか行為の意味や原因を探り、保護者と共通のまなざしで対応していく姿勢を示すことで、子どものどんな姿も理解し受け入れられるようになっていくのではないでしょうか。それこそが「子育て支援になる連絡帳」です。もちろん話し合うことの重要さはいうまでもありません。

＜例13　マイナスなことを伝えるとき＞

家庭から園へ　　（2歳児組）
　昨夜、保育園でかまれた腕が赤くはれて、とてもかわいそうでした。かまれることが多く、親としても気分がよくないことです。今まではあまり気にはとめませんでしたが、もう少し気をつけて見てもらえればいいなと感じます。逆にJが友達をかんでしまったりしたときは、報告をしてもらえればと思います。

園から家庭へ＜良くない書き方＞
　昨日はすみませんでした。今後、しっかりと見ていくように気をつけていきます。今日は近くの土手へ行きました。広い土手をいっぱい走り回って、とてもうれしそうでした。斜面も立ってゆっくりゆっくり上っていきました。

園から家庭へ＜好ましい書き方＞
　昨日はJちゃんに痛い思いをさせてしまい、本当に申し訳ありませんでした。赤くはれたJちゃんの腕を痛ましく見てとられたお母さんの思い、いかばかりでしたでしょう。かみつきを防げなかったのは、私たち保育者の責任です。昨日は3人の担任で、なぜかみつきが防げ

なかったか、今後二度とかみつかれないようにするには、どうすればよいかを、真剣に話し合いました。このことについて、ぜひお会いして話をさせていただきたいと思っています。

　また、お母さんのお気持ちとして「もしJちゃんがお友達にかみついてしまったら報告してください」とのこと。以前のクラス懇談会でも話しましたが、かみつきは言葉で自分の要求や気持ちを伝えられない時期の子どもたちの衝動的行為です。ほかにもいろいろな原因が考えられますが、その行動に至る子どもの思い（動機）をお伝えしながら、そのときの状況、保育者の対応などを含め、報告させていただく所存です。

　このたびは、本当に申し訳ありませんでした。

5）一人ひとりの保護者の、多様な考えを受け止め、連絡帳で相互に育ちあう関係づくりを

　今回の指針の改定で「保護者に対する支援」が今まで以上に強調され、支援の基本として「（4）一人一人の保護者の状況を踏まえ、子どもと保護者の安定した関係に配慮して、保護者の養育力の向上に資するよう、適切に支援すること」という文言があります。子どもたちと同様保護者も一人ひとりそれぞれの考えがあります。長い間生活してこられた生活や背景を背負っていらっしゃいます。それぞれに異なる意見や考えがあったとしてもそれは当然なことです。保育者の考えやこうあるべきという正論を前面に押し出さず、批判的にもならず、まずはその多様性を受け止め、相互理解を深めあうという関係づくりが連絡帳のやりとりに求められます。

　とくに子育ての伝承がなされていないため、保育者がびっくりするような育児をしている保護者もまれではありません。当然と思っていることを質問され愕然としてしまったり、『こんなことも知らなかったのか

……』とつい非難したくなってしまうこともありましょう。

　もしも子育てのパートナーである保護者と保育者の信頼関係がないところで子どもが育てられるとしたら……こんなに不幸なことはありません。子どもを中心に日々のやり取りを通して保護者との信頼関係を築いていくことが「保育」なのかもしれません。そういう意味からも連絡帳は、相互に育ちあう関係を築くもの、「今どきの母親」という観念的な見方から解放され「なぜそう思われるのか？」を考え気長に意見交換をしていくことが求められます。

＜例14　子育てが何も分からないと訴える保護者にゆっくりと丁寧なやり取りを重ねて＞

初めての子育てだから…親も子も大事に

　A君（5ヵ月）のお母さんは、「初めての子育てでわからないことばかりです」が口癖でした。連絡帳にはいつも質問が書かれていました。「おむつを換える時に動いて替えることができないのですが、どうしたらいいでしょう？」と尋ねられたので、お迎えの時に「おむつが濡れてたね〜。気持ち悪かったね。替えようね。と顔をしっかり見ながら、声をかけてから、替えるようにするといいですよ」「おむつをはずすと、足をう〜んと伸ばすのでその時ゆっくりさすってあげるのもいいですよ」といろいろ話したのですが、「私、恥ずかしいんですよね。そんなふうに話しかけるなんて、とてもできません」と答えられました。

　子どものこと、すべてがどうしたらいいかわからない…お母さんのそんな気持ちを強く感じました。連絡帳はもちろん、お迎えに来られるたびに、「赤ちゃん体操でおなかをゆっくりさすると、気持ちよさそうににっこりしていましたよ」などと実際に行いながら、繰り返し伝えるようにしました。

個人面談の時には、離乳食のことが話題に上りました。(わが園では全園児個人面談を行います。時期は各年齢ごとに年間で決めていますが必要な場合は随時行っています。)
　「家ではほとんどご飯を作らないので、材料は何を使って、どのくらいの量で、どんな風に作ったらいいのか分からない」と困った顔で話をされました。「育児書や離乳食の本などたくさん買っているし、保育園からも丁寧に説明してもらったんですけど、わからないんです。」…今まで丁寧に説明していたつもりでしたが、もっと具体的に説明が必要だと感じました。そこでまずはお粥の炊き方(水加減・火加減等)を説明し、実際にＡ君の月齢にあわせて炊いたお粥をいつも使っている器によそって見せました。
　今、Ａ君は、１歳５ヵ月になりました。お母さんの『分からない』はまだ、続いています。その都度丁寧にこたえて、Ａ君の様々な様子も伝えています。担当保育士は、園でＡ君が遊ぶ様子を取った写真を見せたり、お気に入りの絵本を見せたりしながら、「こんなことして遊んでいるんですよ」と一緒に笑い合います。
　少しずつですが、どう接していいかわからなかったお母さんが、お迎えの時、少し照れたように笑いながら「Ａ～君！」と呼びかけるようになりました。そのお母さんの呼びかける様子と、それに応えるようにニコニコしながら、トコトコ走っていくＡ君の姿がとてもほほえましく、うれしく感じました。

＜例15＞

家庭から園へ　　(１歳７ヵ月)
　日曜日など、家ですごすときは４回ぐらいしかおむつを替えません。でも、園では５～６回替えています。１日に使うおむつの量が多いように思います。おしっこが２～３回分たまるまで使ってもらえないで

しょうか。

園から家庭へ

　お母さんがおっしゃる通り、確かに紙おむつは排尿が2～3回分はためられるため、そのつど替える必要はないと思われています。そういう意味では経済的だといえるかもしれません。けれども、子どもにとって2～3回分のおしっこがたまったおむつは重く、動きづらくなっています。身軽に動き回る喜びを味わわせてあげたいので、なるべく頻繁におむつ交換をしています。また、おむつ交換をするときこそ、大人と子どもが1対1で向き合える大切なコミュニケーションのとき。おむつをはずしたスッポンポンの軽快な状態でスキンケアをしたり、ふれあい遊びを楽しんだりすることで、子どもは不快を快に変えてくれる（自分の世話をしてくれる）大人と、かけがえのない大切な人と感じとってくれるようになります。

　それからおむつはずしのトレーニングのためにも「おしっこが出たのね。それじゃあ、取り替えてあげましょうね」と、世話をしてもらうことは大切です。T君はおむつをしていても、おしっこが出てしまうと立ち尽くして出たことを感じ取っています。排尿間隔も1時間半～2時間ぐらいになっています。そろそろトレーニングを始める時期が来ているようです。「おしっこが出たって教えてくれたのね」と、そのつどしっかり出たことを受け止め、オマルに座ることを促してみたいと思います。いかがでしょうか？　そうすると、きっとおむつはずしもうまくいくと思います。

6）連絡帳を書いてもらえない保護者には……

　毎日保育者がていねいに子どもの様子を書いているにもかかわらず、家庭からの連絡欄はいつも空白という例もあり、がっかりしてしまいま

す。「連絡帳は大切なので何でもいいから書いてください」と正論を述べると「特にいつもと変わりありません」という返事。これでは意味がありません。なぜ書いてもらえないかを考えてみましょう。

①忙しくて書けないという保護者には……
　忙しくて書く時間がないといわれる保護者には「それではお迎えに来てくださった時おうちでの様子を聞かせてくださいね」と伝え子どものことを双方で伝え合う時間をとります。その際子どものことで記録しておきたい話があれば付箋紙などに書いておきます。そして「いいお話を聞けたのでこのメモを家庭欄のところに貼らせていただきます」と了解をいただき貼っておきます。そういうやり取りが数回続くと書くこと（残っていくこと）が子どもの成長の記録になることに気づいてもらえます。すると忙しくても『数行でも書いてみよう』という気持ちになってもらえます。

　また「Ｓ君はおうちでどんなテレビをみていますか？」とたずね、数日後「私もＳ君が見ている番組を見てみました。Ｓくんに"先生も見たよ。〇〇怪獣出てきたんだよね"と話すと、そこからいつになく楽しい会話が生まれよかったです」などど書きます。すると保護者は子どもの情報を保育者が知ることがなぜ大切かを理解してくださり、少しずつ書いてくれるようになります。乳幼児期は、人生の最初の６年間です。この成長の著しい６年間こそ子育てが後回しにならず、子どもがいてよかったと実感してもらえる喜びを味わってほしものです。それが子どもも親も幸せになれる力です。連絡帳を通してそんな支援をしていけたらいいですね。ぜひ「忙しい」「それじゃあ仕方がない」ですませず、保育者が知りたいことを話してもらうことから始めてみてください。

②何を書いていいかわからないと思っている保護者には……
　連絡帳というものに初めて出会い、何を書いたらよいものかとまどっ

ておられる保護者もいます。そういう保護者には「連絡帳に書いていただきたいことについて質問させていただきます」と伝え週に1〜2回ぐらい「最近保育園で家庭でのこんなお話をしてくれます。(と、その言葉を具体的に書き) もしお家で園のことを話すことがあったら教えてください」などと保護者が書きやすい内容についてたずねます。このようなやり取りをするうちに、保育者が子どものどんなことを知りたがっているのか見当をつけ連絡帳に書いてくれるようになります。

　③その他諸々の理由で……
「保育所は社会の縮図」といわれます。外国から来られた保護者、障がいや病で書けない保護者、中には日ごろ思っていることなど文章にすることが苦手な保護者もいらっしゃいます。そういう方にはやはり日常的に語り合う機会をもち心の通いあうコミュニケーションを取ってほしいと思います。

7) 3歳以上児の連絡帳
　3歳以上児になると連絡帳を使わなくなる園が増えてきました。受け持つ子どもの人数が急増し、限られた午睡の時間にはとうてい記述できないという理由や、個別の連絡より集団での生活ぶりを知ってもらいたい、また子どもたちにはその日の活動や生活ぶりを、自分の言葉で伝える力をつけていく必要もあるという趣旨によるものです。その代わりに子どもたちのようすを知らせる「クラス便り」をボードなどに毎日書いたり、必要なことは子どもたちの育ちに合わせてきちんと伝達させてだてを考えていくなど、実践されています。
　親子のコミュニケーションを大事にしていくという意味では子どもに伝えさせるということも重要ですが、いろいろな点でフォローが必要です。しかし登降園の際、担任と顔をあわせることがない保護者にとっては、連絡帳がなくなってしまうことは、大きな不安であり痛手です。そ

こで必要な人には毎日でなくてもいいので何かあったら連絡をしあうというノートを用意しているところも多々あります。一方、そのような状況にあっても保育園児にとって連絡帳は、先にも述べたように個々の子どもの育ちの記録、毎日ではなくても保護者とのコミュニケーションをとる必要性は大きいという理由から続けている園もあります。

＜例16　持ち物に関する連絡やお願い事項などは事務的になりがち…
　　　　書き方をちょっと変えるだけで気持ちが通うものになります＞

幼児組
　　明日は修了式です。ロッカーの中のものはすべて持ち帰ってください。式は10時から始まりますが9時半までに遅れないように登園してください。

⇩

　　時の経つのは本当に速いものです。明日はいよいよ修了式を迎えます。K子ちゃんの成長ぶりは見事でしたね。進級したころはお話することが少なかったようですが、今では家族のこと、友だちのことなどよく話してくれます。今日は子どもたちにも伝えてありますが、ロッカーの中の着替えや道具箱などお持ち帰りください。また明日の修了式、何時までに登園するかK子ちゃんにきいてみてください。9時半という答えであればピンポーンです。

＜コメント＞
　上記のような連絡やお願いは、クラスボードなどに一括して書くことが多いと思います。そのようなときも事務的に書くのでなく、気持ちをこめることで伝わり方がかなり違ってきます。またお願い事をしたときには後

で「ご協力ありがとうございました」というお礼を忘れずにしておきたいですね。

　最後にですが、子育て支援のプロといわれる保育者は、子どもたちの姿をいかに興味深く楽しく保護者に伝えられるかにつきるように思います。そしてその連絡帳を読んだ保護者が、子どもを見ていることがますます面白くなって「家でもこんなことがありました」と書かずにはいられない思いで子どもの様子を教えてくれる……。連絡帳を通してその子の育ちのドキュメントが描かれていく、そんな関わりが生まれることを願っています。

第3章

実践記録の書き方と評価

(1) 実践記録とは？

　実践記録とは「保育実践に携わる者が、自分の（自分たちの）日常の保育実践を振り返り、省察によって課題や問題点を発見し、それを改善し実践を向上させることを目指して書く記録」を意味します。さらに付け加えるならば、その記録を公開し仲間と交流し合うことで自分たちの実践をより豊かに進歩させていくものです。実践記録を多くの人たちに報告したり職場で話し合っていくことは、記録者本人の育ちをうながすばかりでなく、職場の人間関係の育ち、言い替えれば仲間関係を築く役割も果たしていきます。そこに記録を書くことの大きな意味があります。
　実践研究が「実践の中で生じた問いを明確にしていくこと、知りたいことを知ること」すなわち「日常を少し違った角度から眺めなおし、新しい見方、新しい事実を見出していくこと」であるのに対し「実践記録はその問い、知りたいことを明確にしていくために記述すること」でもあります。その実践記録を気楽に話し合える職場づくりを推し進めていくことが保育所保育の質を高めていく原動力になるのではないでしょうか。

(2) テーマの繰り出し

　次に何を実践記録の課題（テーマ）として繰り出していくかについて考えてみます。保育者は、日々保育をしながらいろいろな疑問や課題をもちます。「○○くんは朝なぜいまだに母親から離れられずしがみつくのかしら？」「4歳頃になるとなんでいいつけが多くなるのかしら？」「4〜5歳になるとやたらになんで？　なんで？　と聞きたがるようになるのはどうしてかしら？」など疑問に思ったことを、自分に問いかけるように書いてみます。時には日誌や連絡帳、児童票などにその疑問を

書き残していることもあります。それを拾い出してみるのもいいかもしれません。それらの中で自分が今一番知りたいこと、関心のあること、明らかにしたいことを選び出します。そして次に、記録の方法について考えてみます。何を明らかにしたいか？　そのテーマを追求していく方法を定めます。

　たとえば特定の子どもの育ちを追うのか？　集団を追うのか？
　活動を追うのか？　環境（場）をとらえるのか？
　方法が定まったら次はいよいよ記録の書き方です。

（3）どう書くか？

1）テーマに関する保育の場面記録を書いていく

　いきなり実践記録の起承転結、まず初めの部分はどう書くか？　などと書き出しから考えてもなかなか思うようにはすすみません。そこで実践記録の例2（カルタを早く取らないで　126頁）や5歳児の日誌例3（やっぱ氷鬼したいから怒らんとこうかな　76頁）のような保育の一場面を書いてみます。

2）記録の仕方

　記述方法については、第1章日誌の書き方を参照してください。見たままの姿を具体的に記述する、それに対して保育者がどう見てどう関わったのか？　その行為がどういう意味を持っているのか？　など書き方の流れは同じです。

　やはり実践記録を書くうえで一番重要なことは、「保育者としての見方、関わり方（言葉のやりとり）など」をしっかり書いておくことです。保育者は子どもの行為を解釈し意図をもって働きかける存在だからです。保育者が自分の見方や感じ方を書くことは、自分自身をさらけ出すことです。しかしそのことによって自己を対象化し、第三の視点すなわ

ち別の角度から自分の保育を見つめ直すことになります。そこが実践記録の本質的要素であることは言うまでもありません。

3）場面記録における評価と分析

　日誌と同様にまずその実践から子どもの育ちや変化をとらえます。そしてもし変わったとすればそれはどうしてなのか？　保育者の見方、働きかけ（そのときの子どもの反応などを振り返りながら）はよかったのかどうかを具体的に書いていきます。もしよかったとすればその理由はなんだったか、適切ではなかったとすれば今後どう働きかけたらよいのか、具体的に反省していくことが次への実践に役立ちます。

4）まとめ（考察・評価）

　何と言っても実践記録は、この「まとめ」が決め手になります。記録を書いて明らかにしたかったこと、書くきっかけになった課題意識が、書き綴ったことでどう見えてきたか、わかってきたかを整理します。さらに書いたことによって気づいたこと、発見したことを確認していきます。このまとめを安易にすると、これまで取り組んできた大事な事柄を見失ってしまう危険性が生じます。

　柴崎正行は『保育研究ハンドブック』（生活ジャーナル出版）の「研究のまとめ方と発表の方法」の中で次のように述べています。「取り組んだ研究をまとめようとしたとき、その研究のおかしな部分や足りない部分に気づくことがあります。こうした気づきを得ることが、実は研究をまとめることの最も重要な意味なのです。そのためにも、率直にまとめてみること、そしてそのままを丁寧に読み返し、論理的に一貫しているか、論理の飛躍や矛盾はないかを確認することが大切です。そしていくつかのチェックポイントとして①記述の順に沿って考えていけるか　②記述されていることだけで結論が了解できるか　③仮説や先入観にとらわれていないかどうか」などを点検してみる必要性を提唱しています。

以上のようにまとめあげた実践記録を基に、職場やいろいろな研究会で話し合います。それらの実践記録をどう理解したか？　もし自分だったらどう関わるか？　他の保育場面ではどうなのか？　など出し合い、共有しあいながら実践記録が園の保育力アップの底力になってってほしいと思います。

例1-1　保育場面記録（年齢別研修会1歳児担当）　　園名（川尻保育園）

平成18年7月3日10時00分	クラス ことり組（0、1歳）	記録者 山下咲子
テーマ　　かみつきに対する対応について		子どもの年齢 1才10ヶ月
場面・周囲の状況	保育室内で、好きな遊びを楽しむ中の事（それぞれの子どもが好きな遊びをする。）㋐7人　㋱2人	
子どもの行動・具体的な姿（言葉、表情、動きなど）と経過	保育者の理解と関わり、働きかけ	
㋐…室内用すべり台の上に、座ったり立ったりして遊ぶ。又、ついているハンドルを握り、回したりして楽しんでいる。 ㋑…すべり台にのぼっていき、㋐の隣に立ったり㋐が握っているハンドルを一緒に握ろうとする。 ㋐…㋑の手が触れ、㋑の頬に無表情でかみつく。㋑が泣く様子を、無表情のまま見ている。 ㋐…㋱に「どうしてかむの？」などと言われ目をそらし、悲しそうな顔をする。	・㋐と㋑、又、他児が好きな遊びを楽しむ姿を㋱2人が見守っている。㋱1人が排尿の失敗があった為、シャワーで保育室を離れる。 ・㋐と㋑がすべり台の上に隣り同士で立っているところを、近くで見守っている。 ・止めに入るが間に合わず、かまれる。 ・㋑をすぐに離し、氷で患部を冷やす。 ・㋐に「かんだら痛いよ。かまないで」「どうしてかむの？」と言ってしまう。 ・悲しそうな顔に気付き、「一緒にしようとしたのが嫌だったのね」と㋐の気持ちを受け入れる言葉かけをする。	

気づきや考察など

今までに、かもうとする姿が時々見られていたものの、実際にかむまではいかず、㋱の立ち位置や空間の保持、他の遊びの提供が配慮不足だった。又、㋐に対する言葉かけの順番も良くなかったと思う。㋐は一人っ子で、家では、"取る""取られる"などの経験がない。母親や、自分との関わりが満足できているかも考え、スキンシップをとり配慮していく。

例1－2　保育場面記録（年齢別研修会1歳児担当）　　園名（川尻保育園）

平成18年8月3日10時30分	クラス ことり組（0、1歳）	記録者 山下咲子
テーマ　　かみつきに対する対応について		子どもの年齢 1才11ヶ月
場面・周 囲の状況	保育室内で好きな遊びを楽しむ。（Ⓐはブロック遊びをしている。）他は絵本、型はめパズル、落とし遊びなど	

子どもの行動・具体的な姿（言葉、表情、動きなど）と経過	保育者の理解と関わり、働きかけ
・朝のおやつを終え、畳のスペースに、ブロックを収納ケースから取り出し、遊びを楽しむⒶちゃん。 ・前回かまれたⒷが遊びに入り、同じブロックケースに手を入れる。 ・Ⓑの手が、触れてしまい、右手首にかみつく。 ・泣き出すⒷを悲しそうな顔で見ている。 ・Ⓚの言葉に、「うん、うん」とうなずく。 ・Ⓑの手をさすり、Ⓚと「ごめんね」と頭を下げる。 ・又、ブロック遊びをはじめる。	・ブロック遊びを見守る。 ・隣り同士に座ったので、空間を作り、遊びを見守る。 ・ⒶとⒷが遊んでいる時に、別のⓀに本日の活動のことで話そうと、一瞬目を離してしまい、次の瞬間目を戻すと、かみついている。 ・Ⓑの患部を氷で冷やし、「痛い思いさせてごめんね」と謝り、その姿をⒶに見せる。 ・「Ⓑちゃんの手が触ったのが嫌だったの？」と気持ちを尋ねて受け入れる。 ・「でもかみついたら痛いよ。かまないで欲しいな。」「一緒にごめんねしようか」と声をかける。 ・その後も空間を広げ、様子をみる。

気づきや考察など

前回のかみつきを踏まえ、生活するも、同じような場面でのかみつきを起こしてしまった事、又、同じ子がかまれてしまったことが一番の反省点。研修で学んだことが生かされていないと気付き、保育者間で話し合い、対応の統一、Ⓐちゃんに対する保育について考える。休み明け、空間が足りていない時、触られた時、友だちが自分が思っていることと違うことをした時に起こりやすいと、その後の追いかけで気付く。その点を頭に入れながら、保育を進めていく。

第3章　実践記録の書き方と評価

例1-3　保育場面記録（年齢別研修会1歳児担当）　　園名（川尻保育園）

平成18年9月25日（月曜日）9時30分	クラス ことり組（0、1歳）	記録者 山下咲子
テーマ　　かみつきに対する対応について		子どもの年齢 （9月28日生まれ）1才11ヶ月
場面・周 囲の状況	保育室にて絵本を手に取り見ている。	
子どもの行動・具体的な姿（言葉、表情、動きなど）と経過	保育者の理解と関わり、働きかけ	
好きな絵本を広げ、楽しそうに見ている。Ⓐ（「いいこ　いいこ」の絵本） Ⓐが見ている絵本が見たくて、Ⓒ（←前回かまれた子とは別の子）が近寄り、絵本に触れる。 Ⓐ…表情がこわばり、かみつこうとする。Ⓑに口を押さえられ、無表情になるが、気持ちを受け入れられ、「うん　うん」と安心した様子でまた絵本を見る。 Ⓒ…また、絵本を欲しがり、Ⓐの絵本に手を出そうとする。Ⓑの対応にも嫌がりⒶの絵本を欲しがる。 Ⓒ…触れ合いをたのしむ。そこへⒶが絵本を置いて、触れ合い遊びに参加する。 Ⓒ…絵本をみる。 Ⓐ…スキンシップを嬉しそうに楽しむ。	・傍で見守りながら、絵本を一緒に見たりしている。（9名をⒷ2人でみている） ・ⒶとⒸの様子をみる。 ・Ⓐがかみつこうとしたので、そっと口もとを手の平で押さえ、かみつきを防ぐ。「これはⒶちゃんが読んでるもんね。」とⒶの気持ちを代弁しⒸにもそれを伝える。 ・Ⓒに対応しはじめ、他の絵本や、同じものを見せるなどする。しかし嫌がるので、Ⓐに「あとで貸してね。」とⒸの気持ちを代弁し、Ⓒを触れ合い遊び（きゅうりのしおもみ）に誘い、はじめる。 ・Ⓐ、Ⓒに尋ね、絵本をⒸに渡す。 ・「Ⓒくん、貸してもらってよかったね」「Ⓐちゃんありがとう。一緒に遊ぼうか」と触れ合い遊びをして、体（肌）をしっかり触ってやる。	

気づきや考察など

今回月曜日で、やはり休み明けの様子、かみつこうとする姿が1日の中でこの後も何度かあり、そっと口を押さえて気持ちを言葉にすることを続けた。8月のかみつき以降、Ⓑ間で対応を統一して行っているので、かみつきを防いだり、かみつく回数も減っている。又、かみつこうとする時間帯（朝が多い）、休み明けなど特に気を付けている。母親との関わりも尋ね、夕食準備中などTVをみせるのではなく、一緒に準備をしたりと家庭でも関わりを気を付けていってもらうなど、対応している。

※H18.8～H18.9までの間で、3回かみつきがあった。

例1－4　保育場面記録（年齢別研修会１歳児担当）　　園名（川尻保育園）

平成18年10月12日9時45分	クラス ことり組（0、1歳）	記録者 山下咲子
テーマ　　かみつき（かみつこうとする）に対する対応について		子どもの年齢 2才0ヶ月
場面・周囲の状況	室内出入口から、戸外へ出る時	

子どもの行動・具体的な姿（言葉、表情、動きなど）と経過	保育者の理解と関わり、働きかけ
・朝のおやつを終え、帽子をかぶり、靴を持って来る。室内から出られる（園庭に）出入口に来て、3人靴をはきたがり座る。その中にⒶがいる。 ・Ⓐ待っている時に、隣でⒷの様子をみている。少し自分ではこうとする。ⒸがⒶとⒷの間に入りたがろうとし、Ⓐに触れる。 ・Ⓐ…「いやー、いやー」と声を出し、手でⒸを押そうとしている。 ・Ⓑに受け入れられ「うん　うん」と言って手を下げてまた靴をはく。	・「お靴、はこうね。Ⓑちゃんが先だったからⒷちゃんからね。次はⒶちゃんはこうかな」と一人言のようにしながら、子どもの耳に聞こえるようにする。そして靴をはく援助をする。 ・Ⓑの援助をしながら、「待っててねー」と言ったりして、みている。 ・Ⓒが来たことを少し様子をみる。「Ⓒちゃん待っててねー」と声もかける。 ・「いやだったね。今ここでⒶちゃんが靴はいてるもんね」とⒶの気持ちを代弁する。Ⓒにも待っててほしい事を伝える。 ・Ⓐに対し、「いや」ってお口で言えたねと認める。

気づきや考察など

今まで黙ってかみついたり、かみつこうとする姿があったのだが、それがずい分なくなり、「いやー」と声を出して訴えようとしたり、口でなく、手でとめようとしたりという姿が出てきている。そこを認めたり、代弁したりしながら対応を続けて様子をみたい。又、母親にも口に出して訴えられるようになっていることを伝え、母親の心配なども取りのぞいて、更に母子でのおだやかな関わりが増えればまた様子もかわっていくかもしれないと思うし、自分自身が本児とおだやかに関わるようにする。

※10月～実際にかみつきはなし

第3章　実践記録の書き方と評価

例1　かみつきに対する対応について

　1歳児の担任になると必ずと言っていいほど、頭を悩ませるのは『かみつき・ひっかき』の問題です。子どもにとっては、トラブルの中から人とのかかわりを学んでいく大事な経験とわかっていても、繰り返し同じ子ばかり噛まれたり、大きく残った傷跡を見たりすると、何とかして噛まれないようにしなくてはと思ってしまいます。また、子どもによって激しさは違うため、「何でこの子ばかり」と思うのです。

　この事例ではこうしたかみつきの場面を継続して記録しています。そして、気づきや考察を重ねながら、①子どものとらえ方、②子どもたちへの対応やことばのかけ方、③かみつきが起こりやすい背景のとらえ方などをとらえ直しながら保育が変わっていく様子がよく表現されています。

　まず、最初の場面－1です。行動の記録からかみつきの起こった原因が、Aの遊びに興味を持ってBが入ろうとしたためであることがわかります。そのさい保育者は、Aに「かまないで」「どうしてかむの？」とまず言ってしまうのですが、Aの悲しそうな顔に気づいて「一緒にしようとしたのがいやだったのね」と、Aの思いに共感する言葉を言い添えています。しかし、本当に受け入れられていないことに子どもは気づいているようです。

　次への対応につながる考察欄に『保育者の立ち位置や空間の保持、他の遊びの提供が配慮不足。Aに対する言葉かけの順番の不適切さ。……一人っ子のため、自宅での取る、取られるの経験不足や母親、保育者とのかかわりが満足できるものかどうか、スキンシップを取りつつ配慮していくこと』などが書かれています。が、一番気にしなくてはならないのは、かむ因果関係がわかっているのに「かまないで」「どうしてかむの？」と、まず対応してしまったことではないでしょうか？『かむ』と

いう行為だけをいくら止めようとしても、止まりません。保育者が「だめ！」と言えば言うほど、子どもはその否定的な言葉や雰囲気に興奮してますます激しくなることが多いのです。その子が『かむ』ことで主張しようとしていることは何なのか、その思いに対応した保育の見通しを持つことです。保育者は次への対応を模索していきます。

　場面－2では、同じような条件で再び同じ子がかまれたために、Aのかむときの条件を調べ、保育者間で同じ対応を取るようにしたと、書かれています。
　しかし、その対応にはいくつか気になることがあります。まず、かまれて泣き出すBを悲しそうに見ているAに対し、保育者はBの噛まれた箇所を冷やしながら「痛い思いをさせてごめんね」と謝る姿を意識的に見せていますが、その行為の意図はなんだったのでしょうか？　『「Bちゃんの手が触ったのがいやだったの？」と気持ちを尋ねて受け入れる』としていますが、Aがうなずくのを見ると「かみついたら痛いよ、かまないでほしいな」と言い、「一緒にごめんねしようか」とうながしています。その中に『Bのいやな気持ちをAに伝える』ことは含まれていても『Aのいやな気持ちをBに伝える』行為が含まれていません。したがって、本当の受け止めになっていないのです。畳のスペースでブロック遊びを楽しんでいたAにとって、その遊びの空間を守りたかったのではないでしょうか。単純に手が触れたことだけの問題にしてしまったら、1歳児のこだわりや主張は見えてこないと思います。AB共に1歳児として普通の姿なのに、Aを謝らせることで解決することに比重が置かれてはいないでしょうか？　Aちゃんに対する保育のとらえ直しがさらに続いていきます。

　場面－3と4ではその対応が変化してきます。
　まず、場面－3でも前回と同様、Aの見ている絵本が見たくてCが近

寄り絵本に触れ、かみつこうとしています。

　しかし、前回までと違うのは、その行動の受け止め方に余裕があることです。すぐに止めてしまうのではなくA、Cの様子を見守りながら観察し、かむ前にAの表情がこわばることに気づいています。そして、かもうとしたAの口元をそっと手の平で押さえ、「これはAちゃんが読んでるもんね」とAの気持ちを代弁し、Cにも伝えています。このとき『口元をそっと手の平で押さえる』に、否定的な言葉や強引な雰囲気がないので、余計な興奮を引き起こすことがありません。その行為は、Aの気持ちの否定ではなく、かみつきという行為に対する否定として伝わったのではないでしょうか。このような場合、噛みつこうとしている相手も一緒に過ごしてる友達なんだよと気づかせることも有効です。噛みつかれそうになったとき「○○ちゃん、△△くんだよ」と保育者が呼んで噛みつこうとした子がはっと気づき、未遂に終わったという例もあります（神田英雄著『保育に悩んだときに読む本』ひとなる書房）。

　再び、Cがほしがったときも他の絵本や同じ絵本を見せて、『Aが好きな絵本を読む』という遊びを大事にしています。しかし、どうしてもAが見ている絵本をほしがるので、そこで初めてAに「あとで貸してね」と頼んでいます。待つ間もCをふれあい遊びに誘い、保育者と二人で楽しく遊んでいます。そうするうちに、Aがふれあい遊びに参加してきます。そこで保育者はCに絵本を渡し、両者に「C君、貸してもらってよかったね」「Aちゃん、ありがとう。一緒に遊ぼうか」と気持ちを言葉に表す仲介を行った後、しっかりAとふれあい遊びを楽しみます。この『どうしても欲しがったときの対応』が大きく変化しているように感じます。

　場面－2のときのようにわざと保育者の行為を見せるのではなく、とても自然にAが自分から貸してくれるまで待っています。Aは自分への対応はもちろん、Cへの保育者の働きかけもちゃんと見ていたはずです。自分の遊びが保障されたからこそ、A自身でその遊びに区切りをつけ、

Cに絵本を渡したのでしょう。Cも保育者が絵本を見たい気持ちをAに伝えてくれた後、ちゃんと自分と向き合って一緒に楽しく遊んだことで待っていられたのではないでしょうか。またこうして遊んで待っていたら、代わってもらえるという見通しも生まれていたのでしょう。

　さらに、**場面ー4**では、靴を履こうと3人が重なったときに、強引に「順番よ」としてしまうのではなく、独り言のように「Bちゃんが先だったからBちゃんからね。次はAちゃんはこうかな」と言っています。そしてCが無理やり靴を履こうとしているABの間に割り込もうとしたとき、Cに対しては否定的言葉は使わず、「Cちゃん待っててね」言い、「いやー、いやー」と声に出して気持ちを伝えようとしたAには「いやだったね。今ここでAちゃんが靴はいてるもんね」と両者の気持ちと行為の確認を行っています。そしてさらにAが気持ちを言葉にして言えたことをすぐにほめています。このように相手を意識して気持ちが言葉になった経験はとても重要です。そのことを積み重ねていくことで、人とどのようにかかわっていくとよいのかを学んでいくのです。

　これは、3ヵ月間の記録ですが、そのわずかの間に保育が変わっていく様子はみごとです。実践―記録・評価（ふり返り）―次の実践へ、の大事さがよく現れています。

例2　3歳児

タイトル　かるたを早く取らないで
　　　　　　　　　　富山県福野町立保育園（島田千寿子）
　　　　　　　　　子どもの名前　A子　年齢　3歳10ヵ月

A子とB子とでかるたとりを始める。（保育士が札を読む）
はじめの3枚、B子が取る。
A子　「そんなに早く取らんといてよ」とB子に言う。
保　　読み札を読む。
B子　取る。
A子　「ね〜！　そんなに早く取らんといてよ〜」涙声で言う。「ゆっくり取ってよ！」半泣きしながら、ちらっと保育士を見る『先生、何か言ってくれ〜』
B子　困った顔でA子を見る。
保　　A子と目を合わせないようにし、次の読み札を読む。（自分の力で立ち直ってほしいなー）
A子　半分、涙目ながら取る。涙が止まる。
保　　読む。
A子　取る。「ほら、取れた」と笑顔で保に言う。
保　　目を合わせて（よかったね）という気持ちを込めてにこっと笑う。
　次の札はB子が取る。A子の顔が曇る。
保　　読む。
　B子の手、次にA子の手、1枚の札に2人の手が重なる。A子がじわじわと札を引っ張ろうとする。B子、あきらめる。A子は保育者の視線を気にしながら、自分の手元に持っていく。『先生、何も言わないからこのままもらっていこう。だって、かるた欲しいもん』
保　　「今のB子ちゃんの手のほうが速かったと思うけど」
A子　「だって、そうしたらA子か少なくなるないけ〜」と涙声。

保　「でも、かるたって早く取った人のものになるんじゃないの？」
A子　「でも、そしたら少なくなるもん」
保　「B子ちゃんの手のほうが速かったよねー？」
（B子もはっきりと意思表示してほしいなぁ）
B子　うなずく。
A子　「うっうっ」と涙をこらえながら、B子に札を渡す。
保　　読む。
A子　涙ながら取る。次の札はB子が取る。
A子　「ね〜そんなに早く取らんといてよ」涙声でB子に言う。そして、保の顔を見ながら何か言ってくれないかなーという表情。保は目を合わせずに読む。
A子　3枚続けて取ったあとに「だって〜こっち見とる時に、こっち見て取ったもん」と得意げに言う。（B子が見ている方向と別の場所を探して取ったということ）
B子　取る。
A子　怒った口調で「ねー、そんなに早く取らんといてよ」「こうやって、そーっと取ってよ！」と手をゆっくり札の上にのせるしぐさをしてみせる。
B子　黙って聞いている。
次の札を、A子がバーンと大きな音をたてて取る。
B子　「あんただって早く取っとるないけ」とつぶやくように言う。
A子　「取れた」と保に見せているので、B子の声は聞こえていない。その後も続くが、A子が優勢だったので泣くことはなかった。

考察

　本児は一人っ子という環境でかるたとりを経験してきているので、友だちに取られることが悔しくて、取り合いを楽しむことができない状態である。しかし、誰かと一緒にかるたをしたいという思いもある。そのギャップで葛藤を起こしているのではないか。何とか言葉で言い表そうと「早くとらんといて」と訴えるが、涙も一緒にでてしまう。

気持ちを抑えようとするが、涙は止められない。目を合わせると本児の涙が止まらなくなって、かるたとりが続かなくなると思ったから、保育士はあえて目を合わせないようにした。なるべく口をはさまないようにしようと思ったが、かる取りのルールはわかっているし、二人の手が重なったときも本児がB子かよりも遅かったことは感じている様子だった。B子の立場になっても、納得できないことだったので、そこではじめて保育者は口を出した。本児は、何度か泣きながらそれでも最後まで続けていくことができた。以前なら泣くだけで終わっていたが、気持ちを抑えて言葉で訴える様子に、葛藤をなんとか乗り越えようとする姿がみられた。

全体考察

　友だちよりも多く枚数を取りたい、しかし、友だちと一緒にかるた取りをしたい、その矛盾から葛藤が起こった。

　葛藤は涙となって表われたが、泣くだけではなく「ゆっくり取って」という言葉で気持ちを伝えようとする。「ゆっくり取って」と相手に強要するのは、自己本位な行動ではあるが、相手がいなければかるた取りは面白くないことにも気づき、他者を意識しようとするようになった場面。

　泣きながらも最後まで続けられたのは、かるた取りをしたいという本児の思いが強かったこともあるが、葛藤を起こしたときに一人ではまだ乗り切ることはできなかっただろう。保育士がそばで見守っているという思いがあったから乗り切れたと思われる。ただ、かるたが終わった時に、泣きながらも最後まで遊びを続けた本児や、そんな本児に付き合ってくれたB子に対して、認める言葉掛けがあれば、次につながったのではないか。

例2　かるたを早く取らないで

　考察の中で保育者は『A子は一人っ子という環境でカルタ取りを経験してきているので、友だちに取られることが悔しくて、取り合いを楽しむことができない。しかし、誰かと一緒にカルタをしたいという思いもある。そのギャップで葛藤しているのではないか』と書いています。そして今までと違い変化した点として、①何度か泣きながらも最後まで続けた。②以前なら泣くだけで終わっていたのが、気持ちを抑えて「早くとらんといて」という言葉で訴え、葛藤を何とか乗り越えようとしていた。③「ゆっくり取って」と相手に強要するのは、自分本位な行動であるが、相手がいなければカルタ取りは面白くないことにも気付き、他者を意識しようとするようになったと挙げています。
　うまくいかないとすぐに保育者に頼ったり、泣いてばかりだったりするA子の姿を見てきた保育者にとって、今回、自分の言葉で主張し遊び続けようとするA子の育ちをうれしく感じたのでしょう。カルタ遊びは、子ども自身が始めたものですが、その展開には保育者の温かな意図（見守り）が見られます。『目を合わせると涙が止まらなくなって、カルタ取りが続かなくなるだろうと思ったから、あえて目を合わせないようにした』『なるべく口をはさまないようにしようと思った』『葛藤を起こしたときに一人ではまだ乗り切ることができなかっただろう。けれどそばで保育者が見守っているという思いが支えとなり、乗り切れたと思われる』等考察の中に書かれています。
　3歳児は、年齢的特徴として一人前意識が強く、相手の気持ちや表情に気づかずに自分中心で動き、それで相手も楽しいはずと思い込んでいるところがあります。『仲良し』といっても自分本位な仲良しの場合が多いのです。けれど、遊びの中で友だちとうまくいったり、いかなかったりするうちに相手の気持ちや自分の気持ちの表現のしかたなど、どうかかわっていけばいいのかを学んでいきます。この記録は、そんな3歳

児の姿と保育者のかかわりがよく表現された記録です。

　日頃は思い通りにならないと泣いたり、保育者に頼ってしまったりするA子が遊びを続けたいと強く願っている様子に、保育者は、かるた取りという遊びをきっかけに、まず『気持ちを表現し、一緒に遊ぶ』ことを経験させようとしています。途中で遊びを中断せずに、最後まで友だちと遊んで楽しかった経験を一つずつ積み重ねていくことがA子にとって大事だと感じたからです。うまくいかなくて悔しかったり、いらいらしたりする自分の気持ちと向き合ってほしいからです。

　3歳児から4歳児は友だちとかかわる中で自分を見つめ直す時期です。自己内面に目が向くときなので、記録をとる場合、一人だけでなく、その場にいる全部の子どもの言葉や表情、行動、保育者のかかわりなどが気持ちを探るうえで大事なヒントになってきます。保育者も考察の中で課題として挙げていますが、これからありのままのA子、B子の姿をどのように認め、受け止めていくのか、楽しみです。

例3　5歳児

> プレッシャーより気持ちよさを
> 「いつも」の運動会を子どもたちとの対話で見直す
>
> それまでの行事の取り組み方への疑問
> 　行事といえば、内容が固定化され、昨年と同じようにやれるということが発達の指針になってしまっていることに、今、問題を感じています。それは、日常の保育についても同じことが言えると思うのですが。たとえば運動会では、五歳児は毎年必ず走りなわとびに取り組んできていて、五歳児だったらここまでやれなくては……という到達目標も毎年受け継がれています。親たちの期待にもなってきていました。
> 　子どもたちは、同じ五歳児といっても一人ひとり違います。それなのに毎年同じことを同じようにやらなければならない矛盾。運動会って何だろうと改めて考えさせられました。例年通りの走りなわとびではなく、今、目の前にいる子どもたちと楽しみながらやる走りなわとびをしたいと思いながら、走りなわとびの取り組みをはじめました。
>
> 言葉にならないプレッシャー
> 　暑さのせいもあったと思うのですが、「走りなわとびしよう」というと「えー、いやだー」の声の多いこと。「中学校のグランドまで歩くのはいやだ」などいろいろ聞こえてきます。でも、どうも私の感じるところでは、走りなわとびといえば、"星組（五歳児クラス）の運動会でのあの姿"ということで、子どもたちにしてみたら、おとなが思う以上に運動会で星組がさっそうと速く走っていた姿が印象に残っているのでしょう。「うんどうかいでやるんでしょう？」と口にする子もいました。私は子どもたちには「運動会でやるんだよ」などとは意識的に言わないようにしていたのですが……。
> 　そして実際に走りなわとびをはじめてみると、速く走っていこうとしすぎて自分のリズムがつくれない子が多いな、と感じられました。

言葉にならないプレッシャーを子どもたちは感じてしまっている。あの姿を"あこがれ"として自分の励みにするのならいいのですが、プレッシャーではつらいです。いくら私が「最初はゆっくりでいいから……」と言っても、子どもたちの気持ちは速く速くとなりがちで、すぐにひっかかってしまうことが多く、子どもたちの表情はまったくさえませんでした。

「先生、みてみて」
　どうしたら楽しくなるんだろう……と、私は内心あせっていました。楽しくないものをどうしてやらなければならないの？　と私も葛藤していました。そんな中でK君が「先生、みてみて」とうれしそうに私に走りなわとびをやってみせてくれていました。K君は、腕を大きくまわして悠々と、軽やかにとんでいました。思わず、「うーん、K君の走りなわとび、気持ちよさそうでいいね」と声をかけ、私自身ハッとしました。そうか、気持ちいいなわとび……。自分で自分の体が気持ちいいと思える、そんな姿を目指せば一人ひとりの走り、一人ひとりの走りなわとびでいいんだよ、ということも伝わるのではないか、と思いました。

自分の気持ちのいい速さで
　そこで、さっそくみんなを集めてK君にやってもらいながら、「先生、K君のなわとびってとっても気持ちよさそうでいいなって思ったんだ。みんなもこんなふうに気持ちいい！　っていう走りなわとびになるといいね」「自分の速さでいいんだよ。自分の気持ちのいい速さで」と話しました。子どもたちもK君のをみて私と同じように感じてくれたようで、表情がパッと明るくなりました。そして一人ひとりやってみるとグンと様子が変わりました。体を硬くしていたHちゃん、Aちゃん、Oちゃんも自分の速さで自分のリズムでやりだし、それまでは三回くらいでつかえていたのに、長く続くようになり、「先生、みてみて！」とうれしそうに言いはじめました。なわとびを手にしよう

ともしなかったA君は片手になわとびを持ってまわしながら勢いよく走りだしました。S君もY君もあせらなくなっただけで、とても気持ちよさそうに続くようになり、ニコニコ何度も運動場をまわりながら「先生、みてみて」と言ってきました。
　気持ちよくなるためには、ひっかからずに続けられるようにならなければ。そしてそのためにはあとひとがんばりの練習が必要です。気持ちいい走りなわとびを目指して自分もできるようになりたい！　と子どもたち一人ひとりが、自分の目標としてやりたくなるといいなと思いました。この日以来、「走りなわとびをやろう」と誘っても「いやだー」という声は聞こえなくなり、反対に「やったー」とはりきって縄を持ち出すようになった子どもたちでした。

「あしたはうんどうかい」
　こうした練習の経緯は「学級通信」でそのつど保護者にも伝えるようにしてきました。そしていよいよ本番を明日に控えて、次のような「学級通信」を出しました。どんな思いで子どもたちも担任も練習に取り組んできたかを伝えて、当日、一緒に楽しんでほしかったからです。

　いよいよあしたは運動会です。星組の種目は、『走りなわとび』『リレー』『荒馬』『綱引き』です。子どもたち一人ひとり、そして学級……星組全体が自分たちのやる種目への思い入れも熱く盛り上がってきています。それぞれがはりきって輝いている姿をぜひ見てください。
　＜走りなわとび＞気持ちよく走るなわとびを目指してやってきています。途中でひっかかるよりも続けられるほうが気持ちいい……とひっかからないで続けようと意識的にとんだり、それができるようになるともう少し速く走ってみたくなったり……一人ひとりの今一番気持ちいいと感じられるところを大事にしてきています。友だちの変化する様子を（その本人より？）うれしそうに喜んでくれる人もでてきたり、「○○君すごく続くようになったね！」と自然に言葉がかわされたりしているのをうれしく見ている担任です。

三人ずつ走りますが、今年は一人ひとりのコースを決めて縄が絡んだりすることを気にすることなくできるようにしました。着順よりも一人ひとりの走りっぷりの気持ちよさを感じながら……楽しく見ていただけるとうれしいです。

親もすごく緊張をしていた

子どもたちばかりではなく、「星組」の運動会に対しては、親の期待も大きいものでした。その親たちから、連絡帳を通して運動会を終えての感想がいくつかよせられました。その中から一つ紹介します。

12年前の姉の時と重ねてみると

運動会の取り組みが始まったころ、先生より「一人ひとりの子どもが気持ちよくとべる、走れることを目標にして」というお話がありましたね。前年までに子どもたちが見てきた星組のすごさが、意欲やあこがれの一方で、緊張や恐れとなって、子どもを不自由にしてしまう、力が入ってしまうという長年の経験と現場だからわかる洞察は、そのまま親の気持ちにも置き換えられることでした。花・月の親として星組を仰ぎ見て？　明日のわが子の姿？とあこがれ、期待する内心に、その出来がまるで発達の指針のように緊張し、ちゃんとやってくれるだろうかと恐れもする……。

そこから心から解放してのびのびと気持ちよく跳んだり走ったりできるよう、また、その姿を微笑ましく、暖かく声援できるようにという配慮は、子にも親にも優しい心遣いと受け止めました。反面、12年前、そこまで子どもの活動や自分の気持ちを掘り下げて考えることができず、ただひたすら「がんばれ！」「はやく！」「失敗するな！」と応援した経験を持つ私には、幼稚園や先生の言う配慮という言葉を「子どもたちの達成度、親たちの成熟度の問題なのかな」と深読みしたり、失敗や傷ついたりすることを恐れるあまりの『転ばぬ先のリハビリ』になってしまったら過剰保護なのではないかとも葛藤しました。運動会日和の当日、12年前のわが雄姿（？）に想いを重ねる姉は妹の

楽しそうな一生懸命（走りなわとび）を観て、「いつあんなに飛べるようになったんだろう」と驚きの声。「私なんかひっかかったらどうしようって必死だったよね。速さや跳び方は違っても、できない子は一人もいないんだよね」と感心。他の子どもたちの様子にも「キャラが見えますネー。私たちの時はみんなもっとムキムキ必死だった気がするけど、なんか楽しそう！」
「気持ちよくできる」ことの本当の意味が母の中にストンと落ちて納得した瞬間でした。

　この実践を通して、行事にしても日常の保育にしても、「いつものようにできるか」ではなく、今、目の前にいる子どもたちと、言葉にならない言葉も含めてどう対話し、思いを共有していくのか、ということの大切さを改めて感じました。そのことが、楽しさにつながって、また楽しいことをしたいなという気持ちをふくらませていくのだと思います。

　　　　（和光鶴川幼稚園・保志　史子　「現代と保育」63号より転載）

例3　プレッシャーより気持ちよさを

　保護者参加の大きな行事になると、子どもの育ちの課題に添ってどんな運動会にしていくのか、当日に向けてどんな指導計画を作成し実践していくかなどの議論が優先されがちです。この記録はその前に、行事に対して毎回同じコースをたどっていくことに疑問を抱き、子どもの育ちに向き合うことから始めようとします。まず、その着目の仕方に共感できます。

　このような視点はだれでも持てるとはかぎりません。本来なら、運動会のプログラム内容の前に園全体の子どもたちの育ちに職員全員で向き合い、運動会ではどんな姿を見てもらいたいのかを十分に議論することから始めることが大事になります。この記録では、そのあたりが、どのように園全体で議論されたのかうかがうことはできませんが、クラス担任任せにしないという意味でも、行事のねらいや目標についてはみんなで考えて決めていくことに意味があります。そこで、初めて各年齢のプログラムにつながっていきます。目の前の子どもの育ちに着目することで、どんな姿をどんなふうにデザインをして当日に向けて実践していくのかを定めていくことになります。

　子どもたちは今までに見たり、聞いたりしてきた運動会をモデルにイメージしたり、あこがれの気持ちを抱いたりするものです。たしかにあこがれる競技があり同じようにやってみたいという子どももいますが、すべての子どもたちの思いに添っているだけでは発達の援助にはなりません。子どもたちの全体像を捉えながら、保育者として何をポイントに日々の保育をしていくかが求められてきます。保育者の思いだけを優先させようとすると、記録にもあるように子どもたちは心から楽しくあそぶことができなくなります。そのことを心得ながら実践していく中で、子どものシグナルを把握し揺らぐ保育者の思いが伝わってきて心強く思っています。これでいいのかを自分自身に問いかけていくことの連続性

と子どもから学ぶ視点をもつことが自己評価につながっていきます。「先生、みてみて」の事例は、子どもと共感できた素敵な関係性が育まれていると思いました。子どもから学ぶとは、このような実践のことを言います。まさしく子どもに寄り添う保育そのものだと思っています。

　運動会までのプロセスでは、楽しみながら活動できたこと、本番ではのびのびと取り組めたことが大きな成果として上げられると思いました。本番そのものよりも、運動会当日までのプロセスこそが子どもの成長の援助になって大切な体験だったと思います。学級通信を通して、そのつど、保育者の願いと子どもの姿をていねいに伝えていくことで、保護者の子どもを見る目、行事への見方が変わっていきます。そうして当日、保育者の願いに共感した感想が出されます。保護者からのこうしたエールは、保育の励みにもなります。子どもを真ん中に据えてともに育てるとはこういう実践のことを示すのだと思います。

第**4**章

保育士等の自己評価

（1）子どもの実態（姿）を根底にした評価

　これまで「評価」というと、多くの教育現場でクラスの子どもたちの学習成果の判定をしたり、出来たか出来ないか○×でふるい分けるなど、大人の定めた画一的な評定基準に従って子どもたちの能力チェックを行うというようなマイナスイメージで捉えられてきました。そのことによって子どもたちがどれほど自尊心を傷つけられてきたことでしょうか。一人の大人として責任を痛感しています。保育所においては第三者評価で、外部の人から自分たちの保育の点数を付けられるといった「誤解」も生じ、評価アレルギーが強かったのではないでしょうか。

　そして今回改定保育指針の第4章に保育の質の向上のキイワードとして「自己評価」が努力義務として掲げられましたが、現場では『何でまた評価なの？』というような疑問や不安が走ったようです。最も大切なことは「何のために評価を行うのか」「評価したことをどう生かしていくか」を考えることだったのではないでしょうか。第三者評価の本来のねらいは、第三者が入ることによって、それぞれの保育所の課題を見出し改善策を打ち立てていくということにありました。

　指針における「自己評価」は、（1）保育士などの自己評価と（2）保育所の自己評価に分けられています。「（1）ア　**保育士等は、保育の計画や保育の記録を通して、自らの保育実践を振り返り、自己評価することを通して、その専門性の向上や保育実践の改善につとめなければならない。**イ　保育士等の自己評価にあたっては、次の事項に留意しなければならない。（ア）**子どもの活動内容やその結果だけでなく、子どもの心の育ちや意欲、取り組む過程などに十分配慮すること。**（イ）自らの保育実践の振り返りや職員相互の話し合いなどを通じて、**専門性の向上及び保育の質の向上のための課題を明確にする**とともに、保育所全体の保育の内容に関する認識を深めること」（太字は筆者、以下同じ）が明記され

ています。保育所が社会の中でその任務を十分に果たしていくためには、保育所全体で組織的、計画的に保育に取り組むこと、保育課程に基づく一貫性、連続性のある保育を積み重ねていくために、まず自己評価の推進、充実が必要とされるということです。

平成21年3月に厚生労働省より『保育所における自己評価ガイドライン』が示されました（巻末資料参照）。このガイドラインには自己評価の基本的な考え方、自己評価の目的及び定義、自己評価の観点、自己評価の展開について記述されていますが、自己評価の具体的なあり方については各園の独自性と創意工夫を尊重するという立場から、評価項目などについても明記されていません。これは各保育所が固有の保育を積み重ねてきたことを前提にして、自分たちの園にふさわしい評価の方法、評価項目などを作成していくことの必要性を示唆しているのだと思います。

保育の評価には第三者評価のように、一定の評定基準に照らし（適正な保育所運営がなされているかなど）評価を客観的にしていくために数値化を図る評価と、決して数値化できない、一律の基準のない評価があるのではないでしょうか。今回の指針の評価は言うまでもなく後者です。それも「保育士等の自己評価」からスタートします。評価の本当の必要性はこの「自己評価をする力を養うこと」にあります。私自身、評価の中核になるものは自己評価でなければならないと長年そのことを訴えてきました。なぜならばそれは、保育を改善していきたいと願う保育者の切実な思い、主体性から生まれるものだからです。保育士が日々実践した保育を多様な視点＜子どもの側から＞＜保育士の側から＞＜時には保護者や周囲の大人から＞＜保育環境や活動の見直しから＞で振り返ることによって、子どもの新たな発見や育ち、さらには子ども理解を深める力が養われることを実感できるからです。日々保育に携わる保育士独自の反省や評価によって、保育内容が耕され、子どもたちの生活の土壌が蘇っていきます。それが保育の深い喜びになります。この日々の自己評価の根底こそ実践に裏付けられた「子どもの姿」にあることを共通確認

しておきたいと思います。保育の評価は、決して画一化できないものであり、してはならないということ、つまり、既定のチェック項目に従って評価するだけが評価ではないことを再確認しておきたいと思います。

（２）「子どもの姿をどう見るか？」日誌による自己評価

それではここで３歳未満児の個人日誌と４、５歳児クラスの日誌から「自己評価をするとはどういうことか」について考えてみましょう。

＜例１＞なぜ評価が書けないか？

> 保育士が絵本を読み始めるとＳ男（２歳10カ月）は、じっと座っておれずすぐ動き出す。他の子が座っている後ろのほうで何をするわけでもなくふらふらしている。どうも絵本やお話が聞けないようだ。

保育者が子どもたちに絵本を読んでやろうとするのに、Ｓ男のようにじっと座って見ていられない子がいます。そんな時、『あの子は落ち着きがないため絵本が見られない』という判断を下し、「ちゃんと座って見ていなければだめでしょ」というような注意を与えるだけで終わってしまうことはありませんか？　従来の評価は『Ｓ男は絵本に興味を示さない』とか『落ち着きがない』と判断することで終わっていました。

評価をするといったとき最も重要なことは、『そういう判定を下すだけでいいのか？　そういう子だから仕方がないと考えてそのままにしておくのかどうか』『他の子どもたちの後ろのほうでふらふらしているだけで邪魔にはならないからまっいいか』と放っておくのかどうかです。そんな時、保育者はＳ男にどういう願いを抱き、自己決定（意思表示）をするかです（願いはねらいです！）。きっとこの保育者はＳ男にも絵本を見られるようになってほしいという願いを持っているに違いありま

せん。そこで『なぜS男は絵本を見ようとしないのかしら…』と考えることになります。『この絵本はS男の興味をひかないのかしら…とすればどんな絵本であれば見たいという気持ちになるかしら』それとも『今S男が本当にしたいことは何かを求めて動き出したのかな…』などといろいろ考えるでしょう。何が本当の理由かはすぐにはよくわからなくても、そのような疑問（課題）を持って見ていくと必ずそのアンテナに引っかかることが出てきます。

　保育している時は絵本を読み進めなければならず、考えていられないときもあります。そこで日誌に前述のような「行為の意味を考えて書く」のです。それが評価です。そしてもう一つの評価は、絵本を読む保育者自身についても振り返ることが必要です。『絵本を読むときは、いつも生活の切り替えの時間帯で、次に何をするかを全員に徹底させたいために子どもたちを集めて読むことが多く、読み方にも気持ちがこもっていなかったのではないか？』『絵本の後は決まって、それでは今からみんなで〜しましょうが来るのでS男はそれに反発して立ち歩くのかもしれない』など保育者自身の指導のあり方を問う評価です。

　3歳未満児の日誌にはよく子どもが泣いたりすると「何か気に入らないことがあるとすぐ泣きだす」とか「ちょっとしたことでパニックになる」とか「理由もないのにかみつく」「いろいろなことにこだわりが強い」「よく乱暴する」など保育者の先入観だけで概括的に見てしまうことが多いようです。保育者の側から一方的な見方をしてしまうのでなく「なぜそのような行為をしたのか」を子どもの側から考えて書くことによって評価が生まれてきます。評価はこのように保育を常に改善し向上させていくためのものと考えられます。

　それでは次に子どもの姿を具体的に記述することで評価が書きやすくなるという日誌を見てみましょう。

＜例２＞子どもの姿を具体的に興味深く見る、その見方が評価を生む

> 　　シャベルで砂を掘るさと子（１歳11ヵ月）。たまたま自分ですくった砂が上に投げられ、一瞬、間をおいてさと子の頭にドサッと振ってきた。びっくりしたさと子、怒って周りを見渡すが誰もいない。するといきなり天を仰いで「こらーっ」さぞかし空も驚いたことでしょう。

　さと子の心の動きが保育者に伝わり『おもしろい！』と感じた姿を書き留めずにはいられなかったのでしょう。１日を振り返って膨大な量の（ビデオテープのような）子どもの姿からどの場面を切り取って記録に残すか？　その選択・判断は「子どもの姿をどう見ているか？」という個々の保育者の視点です。

　日頃子どもたちの言動を『今日はどんな遊びを始めるかな』『目を輝かして遊んでいるかな』『遊びの中でどんな求めや願いを実現していくかな』『遊びの中で育っているものは何かな』『要求がかなわないときはどんな訴えや表し方をするかな』など心を動かしながら（興味深く）見ているかどうかです。そして一番おもしろいと感じた、言い替えれば心を突き動かされた場面を切り取って書くのだと思います。心を強く動かしたことは忘れません。その時の情景と一緒に自分の感情も思い出します。心を動かして体験したことは意識するか否かにかかわらず記憶されます。どうやら知性と感情は連動しているようです。子どもたちの言動を興味深く（心を動かしながら）見つめることが、その行為を具体的に表現できる力、即ち記憶に働きかける力です。さらにその子どもの姿を思い出しながら具体的に書いていくと、自分が子どもをどう見ていたか実感できるようになります。

　とはいっても見なければならない子どもの数は一人ではありません。クラス規模によって違いますが、とにかく保育者は、大勢の子どもを見なければなりませんから『書いておきたい』と思ったときはすぐメモを

取りましょう。時間をかけずにさっとメモを取る習慣をつけることで、自分が今なにを直観したか、自分の心の動き、即ち「目は感情の窓」と言われる意味がよくわかります。「自分なりの子どもの見方や心の動き」をしっかり捉えなおすきっかけになるからです。

　さと子の頭に砂がかかるという体験＝上から誰かが砂をかけることと捉えていたのは、過去にそういうことがあったからなのでしょうか。いずれにしても保育者は、さと子が自分で気づくようになるのはいつごろか？　なぜ砂がかかったかを知らせずに今後のさと子の育ちに注目することになります。「さぞかし空も驚いたことでしょう」というたった一言の考察が、保育者のさと子への見通しを持った見方、育ちを捉えようとする眼差しになっているようです。たとえば、「自分に砂がかかること、即ち誰かが砂をかけたのだと思いこむ。この思い込みから解放され自分の行為の結果だったと気づくのはいつのことか？　楽しみに見とどけたいものだ」という表現であると、さらに明快な評価になったのではないでしょうか。

＜例３＞ハッとした保育のひらめきこそ評価につながるポイント

　保育園ではほとんど口を開くことがなかったＭ男（２歳９ヵ月）が、今日散歩の途中で救急車を見つけた友だちにつられて「キュウキュウチャ、キュウキュウチャ」と声を発した。よく乗り物絵本を開いていたが、乗り物の中でもきっと救急車が大好きだったんだと思った。私たち保育者は、Ｍ男があまり言葉を発しないことを気にして、絵本を指さし「これなに？」と知っていることを言わせよう言わせようとしていたが、今日は友だちにつられて、しかも大好きなものを見て声が出たことに大きな学びがあった。「ほんとだ、救急車、救急車だね」というＭ男の気持ちに沿った言葉こそ大切だったのだと。

言葉が生まれる土壌は、言わせられることではなく感動（心があふれて言葉になること）なのだということを発見した日誌です。子どもの姿からひらめいた保育者の心の動きをそのまま表現したことが評価につながっています。自己評価の観点（ポイント）の一つは「子どもの育ちをとらえる視点」であり、もう一つが「子どもの姿をどう見て関わったか、自らの保育をとらえる視点」です。そこから日頃の評価項目を設定し評価すると保育の成果や改善点が明らかになっていきます。書くスペースが狭い個人記録にそれらのことを記述することは至難の業ですが日ごろから上記の視点で見ていくとその、自分の見たまま、感じたままを文章化できるようになっていきます。なぜなら「書くことはよく観ることのトレーニング」だからです。

＜例４＞４歳児の発達を捉える評価の視点
　４歳児クラスの日誌より　──子ども同士の育ちあい─

　　昨日の食事前みゆきが「あたしハンカチわすれちゃった」と言うとあいりが「どうして？」ときいた。みゆきは「だっておかあさん、なーんもいれてくれんもん」と母親のせいにする話しぶりだった。するとあいりが「そんな…おかあさんていわんかって自分でわすれんように、ハンカチ、かばんにいれればいいんじゃん」と忠告するような口ぶりで言ったのを、みゆきはちゃんとおぼえていたようだ。今朝はうれしそうに「ハンカチ持ってきたよ。忘れんように自分で入れたんや。あいりちゃん、おしえてくれてありがとう」とさりげなく話しているのを聞き、私はとてもうれしく思った。
　（評価）子ども同士で教えあい、自分で気づき、できたことに喜びを感じ自信を持つ。<u>日常の中の何気ない会話にこんな育ちあいがあることを素晴らしいと思い、夕方の帰りの会にこの二人の会話をクラスのみんなに伝えておいた。</u>

4歳ぐらいになると保育者と子どもという縦の関係だけでなく、子ども同士という横の関わりを通して伝えあい育ちあう姿が見られるようになります。日常の保育の中で保育者が、心を動かしながら見ていること、聞いていることが伝わってきます。「この二人の会話を、夕方の帰りの会にクラスのみんなに伝えておいた」という下線部分に保育者の4歳児の発達を捉える保育、その評価の視点が見えてきます。子どもたちから学んだことをクラス全体の子どもたちに返し、共有化していこうとする保育者の意図性が、保育を動かしていくことも見逃せません。そして保育者の具体的な働きかけや援助によって子どもたちにどのような変化がみられるようになったか？　なども追及していくとよいと思います。

＜例5＞今日の日誌の評価が明日の保育への改善点に連続していく
　　　　—年長児の朝の自由活動［ドッチボール］の日誌の評価から—

　　9月20日　　出席21名　欠席2名　担任保育士1名
年長児が今朝も「ドッチボールするものこの指とまれ」とY男とT男を中心に仲間を集め始めた。10人の子どもが集まり、ドッチボールが始まった。毎日毎日よく続くものだ、ドッチボールの何が楽しいのかとよく見ていると、上手な子とそうでない子とは楽しみ方がちがう。ボールの操作が上手だなと思える子はボールを捕るとすぐ投げる。誰か一人でも多くの子をあてて勝ちたいということがめあてになっているようだ。ところがボールをなかなか捕れないR男やN子は、逃げ回ってばかりいるが、決してあたらないようにとうまく体をかわし逃げまわることに楽しみを感じている様子。だからチームが勝って最後まで内野に残った時は、ドッチボールの上手な子どもたちと同じように、いやそれ以上に喜んで跳び上がっている。H男はボールがなかなか捕れないけれど、たまに思いがけず手にすると、それがうれしくてボールをすぐに投げようとしない。というより捕ってすぐ投げるというこ

とがスピーディにできない。ボールを持ったまま動く、そうすると相手のチームが自分の動きに合わせて動くのでそれが楽しいようだ。それで「早く投げてよ」と文句を言われてしまう。
（評価）
　ボールがすぐ投げられない子どもたちには、ドッチボールと並行して壁あて遊びを体験させたい。壁にボールをぶつけると、すぐ返ってくる。「投げる、捕る」の動作が連続して行えるようになることで、ドッチボールの楽しみがまた違ってくるのではないか。明日は園庭の石垣の壁に怪獣の的を描いておき、壁あて遊びも促してみたい。しかしドッチボールの楽しみは、ただ敵方チームを当てて勝つことだけでなくR男やN子のように逃げ回る楽しみも大きいのだと改めて知った。H男のようボールを手にするとすぐ投げようとしない子に、つい「早く投げなさい」と注意をしてしまいがちだが、今まさに自分の行為の面白さ（もっとボールを手にしていたい）という要求と、それに対する友だちからの要求（早く投げてよ）の挟間に立っているところなので大人が先の行動の指示をあたえることではないと感じた。
　女の子の多くはボールが回ってこない不満から、すぐやめてしまう。女の子たちだけで分かれてやったり、男の子対女の子で対戦する機会を作るのもいいかと思った。

　自由遊びでは子どもたちがいろいろな場所でそれぞれに遊びを展開しています。その時保育者がどの活動にもまんべんなく関わろうと転々と動いていると、子どもたちの活動を断片的にしか見られなくなるのは当然です。日誌を書くとき、どこを書くか、何を書くかと視点を定めるのと同じように、子どもたちの活動を見るときも、今どこを見ることがベストか？　見る必要のある活動はどこか？（あるいは見なければならない子どもは誰か？）と、やはり視点を定めて観ることになるのではないでしょうか。

たとえば「遊べていない子に注目して観てみよう」とか「ドッチボールに女の子が参加しないのはなぜなのか考えてみよう」など……。それが評価の視点になっていきます。ここではドッチボールの活動を通して保育者は、ボール操作の上手な子とそうでない子とでは楽しみ方が違うことを読み取ることができました。そして明日からは、ドッチボールと並行して壁あての遊びを取り入れてみようと考えています。壁あて遊びでは、投げては捕り、また素早く投げて捕るというドッチボールの基本動作を積むことができます。それがドッチボールを楽しめるようになる力につながっていくことはいうまでもありません。明日に連続していく保育の手がかりを見出しました。今後の指導計画には、新たな環境「壁あて遊びで投げては捕るを楽しむ」や「女の子たちだけでドッチボールをする活動」が展開されていくことでしょう。

　子どもの活動を記録する際、誰が誰と何をして遊んでいたか、という目に見える現象や結果だけを書くのでなく、「子どもたちがどのような動機で遊びに取り組んでいたか？」(環境の視点)活動の始まりと展開を書きます。これは幼児の活動を評価する際のポイントのひとつです。「環境を通しての保育」が打ち出され、子ども自らが環境にかかわって自分の（自分たちの）したい活動に取り組んでいるか否か主体性の育ちを確認する視点でもあります。

　さらに「どのような課題やめあてを持って取り組んでいたか？」子どもたちの心の動き（自我の発達など心の育ちに注目すること）や、「友だちや仲間関係の実態や育ち」（人間関係）、さらに思いどおりにならない葛藤体験があったとすれば、その原因や解決の手立てはどうするか。H男の場合は、今保育者の指示は必要ではないと判断しています。いずれにしても葛藤が生じた際、自分の気持ちや考えを言葉や諸々の表現の手立てで、友だちに訴えられているかどうか。（言葉や表現）こうした葛藤の体験や表現力を養う機会こそ子どもたちの生きる力のバネになります。

こうして、保育者の子どもを見る目は、子どもにとってきわめて大きな存在となって影響します。そういう自覚をもって適切な援助がなされたかどうか？　子どもにとっても保育者にとっても難題を一つ一つ振り返り克服していくことが保育の力量を高めることです。そこに共に育ちあう生活が実感できるのです。

　子どもの活動の記述でもうひとつ重要なことが「活動の終了のきっかけ」です。それについても書いておくと活動の連続性や集中して活動する要因は何か？　など、次なる活動の連続性を考える視点になります。

　子どもたちの活動における評価は、保育内容5領域というものを子どもの生活や遊びの中でしっかり位置づけていくことにあるということがご理解いただけたのではないでしょうか。ここで述べるまでもなく領域というのは「子どもの育ちを支える保育のための総合的な視点」です。幼児期にぜひ育てておきたいことを、幼児自身の発達の視点から取り上げたものといえましょう。

　幼児における一斉活動の日誌の評価については第1章の5歳児の日誌（木工、氷作り）を参照してください。

（3）日誌やエピソード記録、保育のビデオ撮影などを研修に生かす

　子どもたちが夢中になって遊び、「面白かった」「またやろうね」と思わず発するような言葉が生まれる保育展開がなされるようになるには、どういう園の環境や保育者間のチームワークが必要なのでしょうか。保育は各クラス単位で展開されるものではありません。異年齢保育の形態をとっていないところでも、毎日の早朝保育や自由な活動時間などに異年齢の関係が生まれ、年少さんが大きい子どもたちへの憧れを抱き、つきまとううちにいろいろな遊びを伝授したりするなど、クラスの枠を超えた交わりが展開していくことも保育園のメリットです。

　「自分のクラスの子どものことしかわかりません」といったクラス主

義に陥らず、すべての保育者が園のどの子どもたちについても理解があり責任を持って保育にあたる、それこそ保護者からの信頼を得られる良い保育園になっていくことはいうまでもありません。指針の「保育士等の自己評価」の留意事項には「職員相互の話し合いなどを通じて、(中略)保育所全体の保育内容に関する認識を深めること」と言う記述があります。各クラスでの保育士などの自己評価（日誌やエピソード記録など）を、次には園内研修などで全職員の共通課題として生かしていくことが求められます。

その研修のための記録は、①その保育を見ていない人にも特定の場面でのできごとを具体的に伝える。②としては研修目的（テーマ）に応じた場面だけを記録したり、抜きとって整理する、ということが必要なときもあります。したがって研修に生かせる記録は、話し合いがズレないように、その保育の場面に居合わせなかった人にもそれを読むことで状況がわかりやすいもの、場面をみなで共有でき、話し合いがスムーズに行われるような記録であってほしいものです。そしてその記録を基にすべての保育者の共通の課題として「よさを吸収しあい、さらに伸ばしていくこと、保育の改善が必要であれば具体的にどうすればよいか課題を探求するための示唆があり、各々が自分の問題として考えあうこと、そして次にはその成果を確認していくこと」が求められます。要はいかに課題を自覚化、共有化し、話し合えるかではないでしょうか。

もう一つ多様な方法で園全体で自分たちの保育を振り返るものとして考えられるのがビデオ研修です。ビデオに映し出された子どもたちの表情や動きを大切にしながら、全職員で保育の場を共有することができます。保育実践のビデオ撮りの際は視点をはっきりさせておくことが何より重要です。そして映像では聞こえにくかった子どもたちの会話やつぶやきなどは、別に記録をとり資料として添付します。「ビデオは、生活や遊び場面での子どもたちの動き、表情、言葉、友だち関係や周囲の環境との関係などをリアルに捉え映し出してくれます。保育者が日々の保

育の中で意識的あるいは無意識的に行なっている具体的援助を、子どもがどう感じ、どう受け止めているのか。果たして保育者の行った援助が遊びの充実に向かっていったのかなどを、保育者同士がともに問題点を見出し、研修していくうえでは大変有効な手段であると思います。保育者の援助によって子どもにどのような変化があったのか、保育者が関わりすぎることで逆に子どもの遊びの方向を変えてしまうこともあります。ビデオを見て一人ひとりが自分なりの見方感じ方を率直に出し合っていくことが大切です。」(「子ども理解のポイント」P114より抜粋　フレーベル館)

　「幼児理解と評価は、密接な関わりがあって保育を進めるうえでの根幹をなす」という思いはますます強まっています。「愛する子どもたちに悔いのない生活を送らせるにはどうしたらよいか。一日を送って、まずよかったと胸をなでおろせるようにするにはどうしたらよいか、こういう窓口から、教育の計画の問題に近づいていく、ということを提唱したい」と坂本彦太郎は「幼児教育の構造」に述べています。指導計画や評価は「子どもたちの育ちのために、もっともっとよい指導の方法はないものかと考え、明日の保育への手がかりをつかむこと」であり子どもへの愛情からスタートするものであることを再確認したいものです。

参考文献　「保育学入門」永野重史　チャイルド本社
　　　　　「幼児の指導と評価」高杉自子編著　ぎょうせい
　　　　　「子ども理解のポイント」柴崎正行　今井和子編著
　　　　　　　　　　　フレーベル館

第5章

自己評価から園の評価へ
― 考え方、とりくみ方 ―

（1）評価の意味とその必要性

　前章では主に日々の保育実践の振り返りを通しての「保育士等の自己評価」の考え方ととりくみ方について述べてきました。本章ではそうした自己評価をもとに園全体の保育の評価をどう進めていくか、その考え方ととりくみの実際について考えてみます。

　自己評価の必要性について、解説書の中では『保育所においては、保育士等の技量や持ち味により保育が行われてきた傾向があり……保育方針や目標について共通認識を持ち、それに基づき計画的に保育を行うといった取組や……保育実践を振り返り、保育を評価し見直すという一連の保育の改善のための組織的取組などが弱い』と記されています。

　近年、保育は"サービス"であるという発想で「託児的」な扱いをされ、十分な条件整備が保障されないまま長時間保育や一時保育等さまざまな保育サービスを要求されることによって、保育園は今、指導計画を作成したり、記録を書いたり、保育準備をしたり、話し合いをしたり、研修を受けたりといった時間がほとんどとれないのが現状です。そこに新たに自己評価が義務付けられたのですから、その部分での条件整備は絶対不可欠なものといえます。

　それにしても、保育園は『評価』という作業をまったくやってこなかったのでしょうか。保育は「教育」の場ですから、決してそんなことはないはずです。少なくとも『反省』や『省察』『ケア会議』『カンファレンス』というような言葉で保育を振り返り、一人ひとりの子どもの育ちを見つめ、よりよい保育ができるように努力してきたはずなのです。ところが、社会から見ると、保育現場はチームとして活動し、省察し、評価し、次へつなげるという一連の組織的取り組みが弱いという見方をされているのです。ですから、その理由について保育園はしっかり分析をし、自分たちの保育理念や目標を明確に示し、それに向かって、どのよ

うな保育（教育）内容を持って進めてきたのかという、今までの保育をまとめる時期にきているのでしょう。さらに、ほとんど税金で運営されている施設ですから、評価した結果を保護者はもちろん、社会に対しても、どのように説明責任を果たしていくかという課題が発生してきているのです。

（2）評価の視点は保育の視点

　指針の解説書では、保育所の自己評価は、個々の保育士等の職員が行うものと、保育所全体で行うものの二つに大別されていますが、利用者や地域の声を聞きながら評価の視点をどこまで広げることができるでしょうか。前者は『自らの保育実践と子どもの育ちを振り返り、次の保育に向けて改善を図り、保育の質を向上させることが目的』とされています。この部分が保育内容の自己評価となるわけですが、前章で詳しく述べたように、ここでは子どもの声をどのくらい汲み上げた評価になっているかという点が大事な視点となります。それは言葉だけで自分の思いを十分に伝えることがない0歳児から卒園するまで、全園児の声（願い）を一人ひとり聞くことができるかどうかという視点です。それがないと保育者の思いだけで保育が展開される危険性があるからです。
　どんなに素晴らしい指導計画があったとしても、現場の保育者が子どもの思いをくみ取れなければ、それは子どもにとってひどい指導計画となってしまいます。保育者は子どもと一緒になって生活をするのですから、双方向のやりとりのうえに保育が成り立っていることが必要条件であり、そこが評価の視点になってきます。
　ところが、自己評価によって自分の保育を変えるのは、園全体の職員意識を変えることよりも大変なことなのです。それが自己評価をみんなで生かすことができれば変わる可能性が生まれてきます。そのことが解説書の『それを通じて職員間の絆や協働性を強め、学び合いの基盤を作

り、研修内容の確認や自己研鑽を行っていく機会にもなる』という言葉につながっていく部分なのでしょう。まさしく組織として取り組みが必要になってきます。

　次に後者の目的である、『各保育所が、保育所として創意工夫していることや独自性などと共に課題を把握し、保育課程や指導計画その他の保育の計画を見直して改善を図る』という部分では、誰の声を聞けばいいでしょうか。そうです、保護者や地域の声です。園の保育目標や保育内容について、保護者へ説明をし、同意を得ながら保育をし、その進め方について組織として評価に対して積極的に取り組まなくてはならないということです。

　評価は保育の質を高めるために必要な取り組みですが、どのような視点で評価するかはそれぞれの園に任されています。できればその部分を保育課程に組み込み、園独自の視点で評価を進めることが、その園の特徴になるということです。

（3）基本は園独自の評価基準

　このようにして園全体で取り組んだ評価をできれば公表するということが努力義務として付加されていますが、そこに、この自己評価に求められているもう一つのねらいがあることがわかります。それは、保護者が保育園を選ぶという時に、この評価が大変クローズアップされてくるからです。第三者評価が導入された経緯の背景にも保育園をランク付けして競わせることにより、保育の質を高めようという意図がありました。それは保護者が保育園を選び、直接契約するというシステムを考えた時に必要な選択の基準になるからです。さらに、自己評価の結果を公表する意義は、保護者や地域社会に対して保育所で何をやっているのかを明らかにすることで、保育園が本当に社会的責任を果たしているかというチェックにもなるからです。

しかし、自己評価は先にも言いましたが、あくまで自分たちの保育目標に沿って、どのような教育ができたかという評価なのですから、園の独自性を踏まえ、それぞれの園でまったく異なるものになると思います。自分たちの評価基準を考えるプロセスは、その園が大事にしている保育の理念や目的、内容等を自分たちで確認することになります。第三者評価と違い、ここが自己評価の大事な部分だろうと思います。それぞれの園が評価の意味付けをし、自分たちの評価基準を示し、それをもって保育内容の評価をし、その評価から子どもの育ちを導き出し、それを幼児教育としてどのように保護者へ伝えていくかというところが、実は一番大事なところになっていくはずです。

　そのためには、自分たちの評価基準を常に多様性のある社会のニーズにあった内容とするために、多くの情報を収集し、よりグローバルな視点での世界に通用するレベルの評価を目指したいものです。たとえば、ニュージーランドのテ・ファリキ（ケイ・トゥア・オ・テ・パエ）やアメリカ、イギリスなどの保育環境評価スケール、カナダの子育て支援、ベルギーで開発されたSICS、イタリアのレッジョ・エミリア・アプローチ等、海外においてもさまざまな保育方法や評価が生み出されています。中でも子どもの権利意識が高い国の評価は大変参考になります。幼児期に自ら学ぶ能力を身につけることが、その先の教育全体のレベルアップには大変重要であるという認識の世界的な流れや、子どもの幸せと将来の国の経済力、地球規模での持続可能な人間の生き方にもつながっています。まさしく、堀尾輝久氏がいわれるような"地球時代の教育と思想"が園の評価基準にも求められているのです。

（4）学校評価と保育内容の評価

　幼稚園ではすでに学校評価が始まっています。学校評価のいいところは自分たちのいいところを確認し、足りないところをどうするかという

プラスの評価が基本になっているところですが、平成14年4月に施行された幼稚園設置基準において、各幼稚園は、自己評価の実施とその結果の公表に努めることとされました。また、保護者等に対する情報提供について、積極的に行うこととされました。さらに、平成19年6月に学校教育法、同年10月に学校教育法施行規則の改正により、自己評価・学校関係者評価の実施・公表、評価結果の設置者への報告に関する規定が新たに設けられました。そして、学校評価は、以下の3つを目的として実施するように示されています。

　①各学校が、自らの教育活動その他の学校運営について、目指すべき目標を設定し、その達成状況や達成に向けた取組の適切さ等について評価することにより、学校として組織的・継続的な改善を図ること。

　②各学校が、自己評価及び保護者など学校関係者等による評価の実施とその結果の公表・説明により、適切に説明責任を果たすとともに、保護者、地域住民等から理解と参画を得て、学校・家庭・地域の連携協力による学校づくりを進めること。

　③各学校の設置者等が、学校評価の結果に応じて、学校に対する支援や条件整備等の改善措置を講じることにより、一定水準の教育の質を保証し、その向上を図ること。

　こうして見ていくと、保育所の自己評価は学校評価の影響を強く受けていることがわかります。つまり保育園にも学校評価と同じようなものが求められていると考えたほうが自然だと思います。日本では幼児期の「教育」は文科省と厚労省管轄とに分かれ、子どもたちは2つの制度の中で育てられています。今回の改定指針はだいぶ幼稚園教育要領に近づいたと思いますが、実際には子どもたちの置かれている状況は幼稚園ではなく保育園に近づいているのです。この先、認定こども園のあり方も含め、さらに接近していくものと思われます。したがって今、保育園のように長時間子どもを受け入れながら、教育と養護の一体化をめざし、さらに家庭や地域の子育て支援までやってきた保育園の独自性を、私た

ち自身の言葉で説明し、評価する時代が来ています。幼稚園教諭と保育士の経験年数を考えたら保育士の方が圧倒的に高いわけですが、「教育については幼稚園」という誤解がまだまだ存在しています。しかし、子どもの権利を大切に、保育園がやってきた一人ひとりの子どもへの支援は、ぜひ評価の中に組み入れ、保育という幼児期にあった教育方法の素晴らしさをもっと大きく訴える機会にしていく必要があります。それは今の子どもたちがよりよく育つためには何が必要なのかということを、社会に対して提案していくという保育園の大事な使命だと思います。

(5) 園独自の自己評価

それでは保育園ではどのような自己評価をしていけばいいのでしょうか。独自の評価をすることについては大変な困難さを感じている園も多いと思いますが、市販されている保育者のためのチェックリストのような自己評価表を使って、「できた、できない」という評価をすることの危険性も十分理解しておく必要があります。保育所保育指針の示している自己評価は、児童福祉の理念に基づいた保育の質の向上であり、一般的な基準でテストの採点をするように取り組むものではありあません。さらに、このような点数式の評価は時として保育者たちをがっかりさせ、そのやる気を奪い、創意工夫に満ちた保育が生まれにくくなります。なぜなら、保育は人を相手にした仕事であり、相手のことを考えながら、現状に満足することなく、常によりよい子育ち環境を求める活動であり、「これでよかったのか」という自問自答が常に必要な仕事だからです。だめだったから0点ではなく、今よりもっとよくなるためには、どのような工夫を積み重ねていくかという、プラスの発想で自己評価していくことが重要なのです。

評価のプロセスの中には自分たちの創意工夫による保育のいいところをたくさん発見する楽しさが必要です。また、足りないところがわかれ

ば、自分たちの気づきで変わることができるため、自己改革のエネルギーが強いはずです。そういった前向きな保育者たちの姿勢があれば、教育の内容や進め方についてもスムーズな連携と共有ができると思います。自己評価は個人任せで終わるものではなく、全職員でいいところを共有することによってはじめてやりがいのあるものになります。さらに、すべての職員が力をあわせて保育の質を高められるようにするためには、上意下達的な人間関係ではなく、みんなで考え、みんなで支えあうことのできる、自由で平等な、開かれた職員集団を構築することが一番重要です。そして、さまざまな視点や意見が混在する、多様な価値観をもった職員集団を作れるかどうかが、そこにいる園長や主任の役割になると思います。

　保育は人間関係の仕事ですから、自分の心を磨く仕事でもあります。心は人から評価されて育つものではありません。評価は自分たちが元気になるための活動でなくてはいけません。つまり、評価するということは自分たちをよりよく変えるための気づきのプロセスであり、元気に仕事ができるために評価をしていくことなのです。達成度だけで評価するというような単純な使い方をすると、園内のもっとも大切なチームワークを奪い、保育者たちの創意工夫のエネルギーを奪ってしまうことにもなりかねません。さらには『保育はサービスである』という視点がクローズアップされ、子どもたちの将来にわたる幸せの基礎を構築する大切な仕事であるという、教育的な部分がどんどんそぎ落とされていく危険性も含んでいます。

　自己評価はあくまで、自分たちの気づきのための評価であり、よりよき明日を目指し、保育者たち一人ひとりのやる気や喜びのエネルギーを生みだされる活動であるべきです。そこから一人ひとりの保育者の専門性が育っていくのです。

　保育理念や保育の目標がはっきりしている園では、たとえば「子どもたちはのびのびと活動し、園庭中を使って遊んでいる」「自然な形で異

年齢のグループが生まれ、楽しそうに遊んでいる」というような、子どもたちが今をよりよく生きようとしている姿をとらえ、そのことを評価の基準にすることでもいいと思います。

（6）具体的な評価方法

1）期ごと、行事ごとの評価

> 評価をすることによって、保育の質が上がると、一人ひとりの子どものことがさらによく見えるようになり、保育もうまく回りはじめる。すると子どもも園にいることを心地よいと感じるので、そのことが家庭に伝わる。家庭では子どもから嬉しそうな情報が入るので、保護者たちは保育者に対して信頼感をどんどん高め、保育者に感謝する気持ちが生まれる。

　こんな図式ができあがれば、保育者たちのやる気を触発し、評価は楽しいものになるはずです。それには、子どもの育ちをていねいに保護者に伝えることがとっても大事です。

　たとえば、お遊戯や劇、合奏などの発表会行事を考えてください。年齢が高くなるにつれて、当日の出来栄えがものすごく気になり、練習に熱が入り先生の気迫がするどくなります。すると、中にはその気迫とクラスの空気に押されて登園を渋る子どもが出てきます。家庭でもおそらく「つまらない」とか「こわい」という訴えをしているのでしょうが、それでも家庭は園に協力的で一緒になって子どもを励まし、なんとか頑張らせようとして、嫌がる子どもを叱りながらでも園へ連れてきてくれます。ところが、肝心の当日は、風邪をひいてお休み。こんな時、この行事はこの子にとってどんな意味があったのでしょうか。保護者の方にはどんな声かけができるでしょうか。運動会行事も同じようなことが起きると思います。当日の出来栄えを考え、一生懸命練習してきたのに、

第 5 章　自己評価から園の評価へ

当日ハプニングが起こり、演技がめちゃめちゃになってしまったり、欠席してしまった時、保護者へはどんな声をかけることができるでしょうか。

　これらは、保育の評価が当日の出来栄えに集中しており、それまでの過程が評価の基準になっていないからです。3章の実践記録例3にもあるように、子どもたちは運動会当日を迎えるまでに仲間と一緒に協働する喜びや自分の思いを表現する楽しさ、できるようになった自信など、多くの学びや成長をしているのです。その部分に焦点を当て、保護者へ伝えていくことによって、保護者も子どもの育ちを受け止める学びをするのです。

　以前、子どもの劇遊びを大きなホールでやることになりました。しかも、当日子どもが起こすハプニングを楽しむことも大事だと思い、ホールでのリハーサルなしで当日を迎えました。結果は予想以上にのびのびと、うれしそうに活動していました。練習は園庭に舞台と同じ大きさのラインを引き、そこで始めました。しかし、あまりに広すぎるため、子どもたちの目標を作ろうとして、立ち位置にテープを張ったのです。この発想はもう当日の出来栄えを気にしての行動です。しかし、子どもに「どこに立つと見えやすいかな」という声かけをすると、自分で考えて立ち位置を決めるようになります。これができるとぶっつけ本番でも子どもはのびのびと動くことができます。目先のことがうまくいく指示より、ここでどんな力をつけてほしいかというねらいを持つことが保育者の指導だと思います。そんなことを考えながら、ある小学校の卒園式に行ったら、来賓用に挨拶をする時の立ち位置にテープが貼られていたのでした。間もなく中学生になろうとしている子どもたちが、どんな環境で6年間の教育を受けてきたのか気になりました。

　このように行事を一つの評価の機会にしようと考えたら、別紙（資料1）のような評価シートを作り、そのスタートから行事のねらいをたて、取り組み過程でどのような子どもの育ちがあったのかをていねいに記録

資料1

平成　　年　　月　　日（土）運動会の自己評価シート

○●西保育園

クラス名　　　　　　歳児　記録者　　　　共有者

運動会のねらいと反省
《子どもの学び》
ねらい

達成できた項目

継続する課題

《保育者の学び》

《保護者の学び（懇談会等の情報）》

《保育園の学び》自己反省（共有すべきこと）

評価

し、そのことを保護者に伝え、行事の終わった後に、子どもの学び、保護者の学び（行事への気付きや感想をいただく）、保育者の学び、保育園の学びといった視点で、行事のプロセスを評価し、そのことを公表して、次の保育活動につなげていく評価方法も可能です。

　どんなに大きな行事であっても、それは子どもたちの育ちの通過点であって、当日までには保育の目標はほとんど終了しているというゆとりが行事には必要です。

2）日々の記録重視型の評価

　『日々の保育を振り返り、一人ひとりの育ちを見つめながら、次の指導について考えるという評価を繰り返す』という評価の方法は、時間のない中でどのように構築するかが課題になります。しかし、子どもの育ちを見つめる目と、的確な指導ができる保育者が育つためには、この保育実践記録（保育日誌）を書く力を育てる必要があります。さらにその記録をもとに、園内研修をしながら、みんなでより良い保育を目指し、内から変わるエネルギーを育てることが、日々の記録重視型の評価です。評価というと自分の欠点を指摘されるというマイナスイメージが強いかもしれませんが、一人ひとりのいいところを発見し、プラスの評価が保育者にも必要です。そのためにも保育日誌や週案などの記録シートを検討し、日々、園長や主任、先輩達が役に立つ評価を伝えることができれば、保育者たちも記録を書くことにはりあいが生まれます。そして、一人ひとりにあった言葉がけができれば、そこから個性を持った保育者たちが生まれ、生きいきとした保育を展開していくはずです。一日頑張った保育の評価が「もう少し」というマイナス評価でなく、明日の元気につなげる評価は絶対に必要です。倉橋惣三が子どもの前に立つ保育者は、生き生きしさが大事ですといっていましたが、そのことは何十年、何百年たっても変わらない真実です。

　しかし、一方では、保育園でのびのびしているのは保育者たちであっ

て、子どもたちは小さくなっているという皮肉を言う人がいたり、嫌いなものを無理やり口の中に押し込まれたとか、押し入れに閉じ込められたというような思い出がある大人がいます。教育という名のもとに、このような指導は絶対にあってはならないことですが、教育現場ではよく聞く事件です。とくに乳幼児は自分の口で思ったことをはっきりと説明できませんから、人権意識を持った対応が基本になります。そのためにも、保育参加や行事等で保育をできるだけオープンにしたり、臨床心理士や地域の専門機関との連携など、第三者の目が入るようにすることも大切になってきます。実習生や見学者、地域から遊びに来た保護者などからも評価につながる情報を得ようとすれば入ってきます。

　保育は一人ひとりの子どもたちが今をよりよく生きるための環境を作っていくことですから、参考になる外からの声がたくさん入ってくるシステムを作り、それを評価に生かすことが大事です。

　できれば、これを機会に日誌や月の指導案などの保育書類や記録用紙なども、子どもたちの育ちの根拠となる日々の記録から、子どもの姿が見えやすい形式のものに変更したり、他の職員や地域からの情報が入りやすい書式を考えてみてくだい（次頁資料2参照）。それをもとに園全体で保育内容を評価、共有していけばいいのではないでしょうか。

(7) 新しい視点での評価ー私たちの園での試み

1) 保護者と一緒に作る子どもの指導計画

　10年ほど前、毎月園では何をねらいにして保育をしているのかを保護者の方に知ってもらうため、月の指導計画を渡すようにしました。それは子育ての主体は保護者にあるという発想からでした。幼児教育の重要性は誰しも口にしますが、園での保育期間は最長で6年間です。その先の一生涯の育ちを考えた時、家庭での子どもを受け止める力（家庭の育力）を育てることが重要ではないかと考えました。そのためには保護者

資料2　毎月の指導計画を評価するシート
平成21年度　　　月　評価シート　　　　組　　才児

子ども・クラスの様子	職員会議又はケア会議で連携したいことや、相談したいことなども記入し報告する→共有
自己評価	
来月への課題	
連　携	地域情報、子育て支援、見学者等の声 園内で共有すべきこと

は子どもの育ちのプロセスを知り、よりよい対応ができるように園からも情報発信することが大切だと考えたのです。

　そこで翌年には毎月『保護者の願い』という欄を指導計画に設け、毎月一緒に指導計画を作るようにしました。そのことで、保護者の方は園の保育内容に関心を持ったり、子どもの育ちや対応、子ども観について、園と共有したりすることが多くなりました。それは行事等の感想からも保育に対する理解の深まりを感じたり、園の保育理念に対して共感を持って見てくだるようになりました。そんな時に出会ったのがニュージーランドのナショナルカリキュラム"テ・ファリキ"でした。その中にある『保育者の役割は、保育の専門家であると同時に親とのパートナーシップを保つために、親にわかりやすく乳幼児の発達や保育実践について説明し、親の理解を求めなくてはならない。』といった一文の意味は大変深いものといえます。

　テ・ファリキの中のラーニングストーリーというものは、子どもの学びを観察し、それを写真とノートで保護者と共有するというシステムでした。

　当時の保育者たちには子どもの記録やパソコンの扱い、デジカメの写真加工など、大変な作業をお願いすることになってしまい、その部分は今も課題として残っています。一方、児童票に子どものラーニングストーリーと指導計画、評価、保護者の記録が載る"あゆみノート"（資料3、4、5参照）は園での子どもの姿がよくわかると、大好評でした。そのやり取りから、当初考えていた保護者の子どもを見る目が、だんだん豊かになっていく変化がわかるようになりました。保護者の子どもに対する思いを知ることで、文字どおり子育てのパートナーという意識が芽生えていきます。

　新しい保育所保育指針では0歳から2歳児までの指導計画は一人ひとりに合わせた個別の計画を立てるように義務付けられましたが、支援が必要になったいま、保育の記録から保護者が学び、子どもの育ちのプロ

資料3
あゆみノートは子ども理解の発達記録です

ご家族のみなさまへ

　　　ちゃんの育ち物語（あゆみ）のはじまりです。

　あゆみノートは子どもの日々の様子や活動を写真と文章で記録し、子どもの成長を家族の皆さんと一緒に共有できるように作成しています。
　また、あゆみノートは長房西保育園で独自に使用している子どもの発達記録及び指導計画であり、その育ちを家庭と共有するための子育ち記録です。これは個別指導計画でもあるため、子どもたちの目標や望ましい体験、そして次への目標を示唆した反省欄等で構築されています。しかし、この記録は子どもたちの能力を比較したり差別したりするものではありません。子どもたちの育ちは一人一人異なり、その子にあったスピードや方法で学習し、成長していきます。私たちはその発達の道筋を祝福し、専門性を生かしながら愛情をもった支援をしていきます。ですから保護者のみなさんのまなざし（記録欄）は園の指導計画にも子どもにも重要な役割を果たします。
　子どもは様々な能力をもった、とても自信に満ちた学び手です。ですから何度失敗しても、前向きで、あらゆる感覚を駆使して体験したことを吸収し成長していきます。ですからその時、子どもたちの回りにいる私たち大人の言動が子どもの人格形成に大きな影響を及ぼします。そのためにもあゆみノートで子どものことを理解することが、とても大事になると思います。これは園の保育目標にある『自分が大好き』という自己肯定感にもつながります。そして『他の人々や自然と仲良く暮らす』ことの出来るコミュニケーション能力など、生活体験を通して、しっかりとした自分たちの所属観と社会に貢献していくことに喜びの価値を見出す人間に成長してくれることを願っています。
　2才児までは毎月、3歳児以上は各期ごと（約年3回）に記録してお渡しします。どうぞこのあゆみノートをアルバムのように大切に保管し、時折楽しく過ごした保育園の思い出を一緒に語り合うツールにしてください。このあゆみノートが子どもたちの宝物になることを願っています。

　　　　　　　　　　　　　　　　　　　　　　長房西保育園　職員一同

自分が好き　　人が好き　　自然が好き

資料4　あゆみノート（発達プログラム・児童票）
名前　たろう（個人情報保護を考慮しひらがなの名前のみ記入；記録者）

Date： 2007/10/5（記録した日を記入）　　　組

子どもの姿（遊び・エピソード）

子どもは日々いろいろな発見と学びを繰り返していると言う事を証明するように記録してください

例1）今日は朝から少し元気がなかったたろうちゃんでした。登園した後は保育士のそばでとっても丁寧に角を合わせながら折り紙で財布を折って遊んでいました。そこで、「お金があるといいね。」というと、自分で広告紙を出し丸くたくさん切ってお金にし、うれしそうに財布にしまった。それが終わると得意の飛行機づくりをはじめ、小さい子にプレゼントしていました。庭に出る頃にはいつものような元気が出て、友だちのこうちゃんと砂場で工事ごっこをして遊んでいました。そのときさくら組のじゅんちゃんがやってきて、シャベルで穴を掘り始めました。たろうちゃんは勝手に入って、穴まで掘ったじゅんちゃんに向かって大きな声で怒鳴り始めたので、じゅんちゃんが泣き出しました。すると逆にたろうちゃんの方がびっくりしたようで周囲を気にしながら背中をさすってあやし始めました。それでもじゅんちゃんが泣き止まなかったので保育士が間に入って「たろうちゃん、えらいね。」というとちょっと照れたような顔をしました。するとたろうちゃんもきょとんとした顔で泣き止んでいたので、またみんなで遊ぶように提案すると、みんなで仲良く遊び続けていました。

例2）砂場から離れたところ、砂のプリンを作ろうとしていたたろうちゃんは両手で砂をすくい、数回砂場から砂を運んでいたが、そのうちにカップをもって行けばいいことに気付き、カップを砂場に運び、砂を山盛りにして帰ってきた。そして手で砂を押さえてから上手にさっとひっくり返し、砂のプリンを作った。なんだかとってもすごい事をしたような顔つきで、今度は友達にもその造り方を教え、プリン屋さんごっこが始まった。
…この後の顛末まで追ってみよう。

子どもの活動写真添付

※注意
そのままを記入するので、集団の中で子どもがどのように活動しているのかがよくわかります。
5W2H（いつ、どこ、誰が、何を、どのようにどれくらい、なぜ）で整理をする。
子どもの物語りとして心の表現をポイントに肯定的な表現をこころがける。
保育者の言葉も重要なので記入する。
トラブルがあったらそれをどのように解決していたのかを書きます。人間関係もポイントです。

注）3歳児以上は各期に1枚計3回、新入園児は入った月に1枚作成する
外あそびの写真≪写真と本文は関係ないが、できるだけその場に合った写真を貼りつけること≫

第5章　自己評価から園の評価へ

資料５

名前　たろう（個人情報保護を考慮しひらがなの名前のみ記入；才　ヶ月）

Date：　10月（月のみ記入し月初め（1週間以内）に記入し提出する）

		子どもの思い（評価・反省）
生活 食事 睡眠 排泄 健康 安全	ここには1ヶ月先までの子どもの目標と、それを達成するための保育士のかかわりを記入します。否定ではなく、前向きな表現に心がけます。 この部分が実質的には月案になります。 左の項目と子どもの育ちを意識して記入してください。 『○○が出来るようになったので、又は○○に興味が出てきたので、さらに（引き続き）○○できるようにする。と言った表記を基本に』	目標設定されたことを子どもは本音の部分でどう感じているのかを子どもの立場を考えながら記入します。 ここで子どもの気持ちを考える機会にします。 保育士の反省欄でもあります。
あそび 人間関係 居場所 繋がり 貢献 言葉 表現 運動	ここも月案です。1ヶ月先までの子どもの目標と、それを達成するための保育士のかかわり（含む環境）を記入します。ねらいは保育所保育指針との整合性もポイントになります。 否定ではなく、前向きな表現に心がけます。 左の項目と子どもの育ちを意識して記入してください。 ここで保護者の子どもを見る目を育てます。 おおよその育ちの目安も記入してください。	目標設定されたことを子どもは本音の部分でどう感じているのかを、子どもの立場を考えながら記入します。 ここで子どもの気持ちを考え、対応を反省する機会にします。 保育士の反省欄でもあります。 月末に記入し提出をしてください。

保護者と子どもの関わり。
　家庭での子どもの発見、楽しかったこと、困ったこと、嬉しかったこと、驚き、希望
　ここは保護者が何でも自由に書いていい欄です。写真でもOKです。サインだけでもかまいません。
　保護者に無理をさせないでください。かけない保護者とは送迎時にしっかりつながってください。
　1ヶ月先のねらい（次への課題）を結構意識している保護者もいますが、家庭の報告も楽しみです。
　観察記録とリンクしている場合が多いので、家庭での保護者の理解や協力が前向きな記述が多くなるといいですね。
　保護者が記入したものは園長へ提出。保護者からの質問風の記述には必ず答えてください。

　　注）3歳児以上は各期の初めに期ごとの指導計画を作成し、子どもの思いを考えた評価・反省
　　　は期の終わりにすること。
　　まとめ：1年ごとにカラーコピーをとり、終了式にファイルにまとめて手渡す。2月のあゆみ
　　　　　の交流にこの記録をベースに子どもの育ちを共有する。

セスを理解し、家庭において、子どもとの関係がよりよくなるような指導計画づくりは、今求められている家庭支援の最先端の保育ではないでしょうか。

　児童票は個別に記録を取ってありますが、基本的には非公開というスタンスをとっているせいか、マイナス表記が多くなっています。しかし、保護者から開示請求があったら、ほとんどの書類を公開しなくてはなりませんので、子どもの言動を見て、そこから意味付けをし、育ちのプロセスとして記録することにこれからは慣れていく必要があります。それがよくいわれるプラスの目で見て記録するということなのですが、保育者はまだまだ子どもたちの育ちをプラスの目で評価することに慣れていません。

　保育課程の中に家庭への支援も入れる必要がありますが、先に紹介した児童票のように子どもの育ちの記録を保護者と共有できるようにすることがこれからは必要になると思います。

　評価には保護者や地域の方の視点や意見を取り込むことが必要とされていますが、実際保育の内容が見えなければ、保護者の方にも地域の方にも的確な意見をいただくことは望めません。「保育内容を分かりやすく公開する」「乳幼児の育ちのプロセスを知らせ、子育ての楽しさを伝える」「子どもの成長に対して課題を共有し、共通のスタンスでかかわる」「子どもが自ら学ぼうとしている姿を紹介する」といったその園独自のスタンスを考え、保育を見えるようにすることで、より有効な評価をいただくことができます。

2）保育園独自の自己評価に向けて

　こちらはまだこれからの研究となりますが、園の特性を生かしたその保育園独自の自己評価基準ができないか考えることにしました。それはチェックリストではない、子どもの姿、表現から保育内容を評価するものです。たとえば「子どもの表情が生き生きとしている」「集中して遊

んでいるので、途中でその活動がきられると泣いて怒る」「友だちと小グループでよく遊んでいる」「様々なクラスで生活している」「給食は自分で食べる量を決め、好き嫌いもはっきりと言える」などというような子どものありのままの姿と、保育者の思いがリンクしながら生き生きとした生活が描かれているかという視点での評価をしようという試みです。しかも、園の生活を早朝の保育から園が閉まるまで、それぞれの生活シーンに合わせた理想的な子どもの姿を描いたり、生活が切り替わる前後の活動とどのように変化しているのかを、子どもの姿や言動から情報を集め、それらをベースにして園独自の評価基準を作ろうとする試みです（評価プログラムは資料6参照）。

　まだ評価は始まったばかりですから、ゆっくり時間をかけて、自分たちの保育の理念や目標がどのように評価したら見え、保育の質につながる評価ができるかを研究していってください。

　自己評価の基準が示されない現状を生かして、保育園らしい評価基準がたくさん生まれてくることが大事ではないかと考えています。

参考文献
「幼稚園における学校評価ガイドライン」　文部科学省
『保育環境評価スケール①、②』テルマ ハームス＋リチャードM.クリフォード＋デビィ クレア著　埋橋玲子（訳）法律文化社
『地球時代の教養と学力』堀尾輝久　かもがわ出版
「SICSの理念と国際的な利用動向」秋田喜代美　『世界の幼児教育・保育改革と学力』明石書店

資料6　自己評価プログラム（子ども一人ひとりの支援をするために）

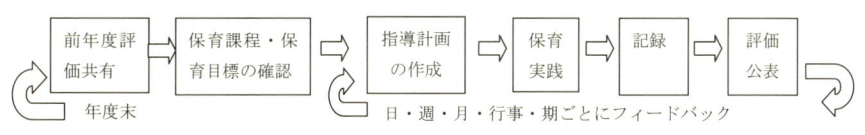

前年度評価共有 → 保育課程・保育目標の確認 → 指導計画の作成 → 保育実践 → 記録 → 評価公表

年度末　　　　　　　　　　　　　　　　日・週・月・行事・期ごとにフィードバック

評価には職員間の共有（チームワーク）が一番大事です。
自己評価は日々の保育を省察し、よりよき明日へつなげるための活動です。また、そのことを保護者へ伝え、一緒に成長を喜び、子どものNEXT、私たちのNEXTを考えるためのものです。
保育のねらいを策定する　評価するにはねらいが必要です。個別指導計画（あゆみ）
情報公開　個人のもの以外、個人情報に配慮し、計画・評価はすべてクラスに掲示します。
　　　　　　児童票も公開が原則。保護者に有益な情報を伝え、信頼関係を構築します。
外部評価の活用　臨床心理士、保護者、実習生、インターンシップ、見学者、地域等から情報収集
　　　　　　第三者評価、

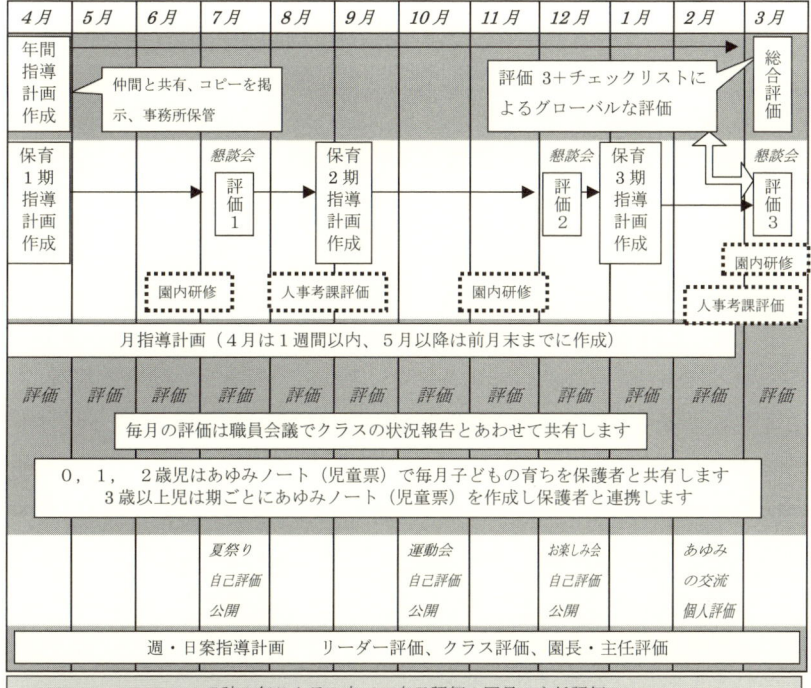

4月	5月	6月	7月	8月	9月	10月	11月	12月	1月	2月	3月
年間指導計画作成	仲間と共有、コピーを掲示、事務所保管							評価3＋チェックリストによるグローバルな評価			総合評価
保育1期指導計画作成			懇談会 評価1	保育2期指導計画作成				懇談会 評価2	保育3期指導計画作成		懇談会 評価3
		園内研修		人事考課評価		園内研修				園内研修 / 人事考課評価	
月指導計画（4月は1週間以内、5月以降は前月末までに作成）											
評価	評価	評価	評価	評価	評価	評価	評価	評価	評価	評価	評価
毎月の評価は職員会議でクラスの状況報告とあわせて共有します											
0、1、2歳児はあゆみノート（児童票）で毎月子どもの育ちを保護者と共有します　3歳以上児は期ごとにあゆみノート（児童票）を作成し保護者と連携します											
			夏祭り 自己評価 公開			運動会 自己評価 公開		お楽しみ会 自己評価 公開		あゆみの交流 個人評価	
週・日案指導計画　リーダー評価、クラス評価、園長・主任評価											
日誌　毎日クラス内での自己評価＋園長・主任評価　保育のねらいを前日記入、日々の保育から子どもの観察、育ち、保育内容、指導の内容について自己評価をします。日々の保育の積み上げ1年の評価につながります。この評価が一番大切です。											

＜保育者への説明資料＞
一人ひとりの育ちをみんなと一緒に喜ぶための情報発信
―あゆみノートでコミュニケーション―

記録の共有

　週日案、月・期・年間・指導計画、連絡帳、児童票、日誌、クラスだより…。保育はPlan（計画）　Do（実践）　Study（記録）　Act（評価）という繰り返しの中で、よりよい教育ができるように活動する仕事なので、『書く』ということがとても多い仕事です。とりわけ子どもたちの記録をとるということは、保育者にとってなにより大切な、専門的な仕事といえます。さらには、この書いたものを保護者と共有し、子どもの育ちを一緒に喜ぶことができれば、信頼関係が増し、保育が楽しくなり、保育への意欲がわいてきます。しかし、このように大変な思いをして作った書類は、ほとんど書くことで終わりになっているということがよくあります。本来子どものためにとった記録ですから、保育者だけでなく保護者とも共有し、子どものためにどう生かしていくかという作業が一番求められているはずです。また、私たちは"一人ひとりを大切にする保育"という言葉をよく使いますが、本当に子どもたちを一人ひとりよく見ているでしょうか。その子に合った育ちの支援はどこまでやれているのでしょうか。集団の中で"みんなと一緒に動くこと"を望むのではなく、集団の中でどんな支援をすれば"仲間とうまくやっていく力"を育てることができるかを考えて保育をしているでしょうか。そのためにも、一人ひとりの記録をとり、そのことを共有し、よりよき指導を考えることは、とても重要な意味をもっているのです。

伝える保育から見える保育へ

　保護者との信頼関係を構築するには子どもの育ちを一緒に共有する場が必要です。そのために、保育をもっと見えるようにしたいと考え

ています。
《対話》
　子どもは信頼関係を持った大人の間で預けられることが基本なので、日々やっている登降園時のコミュニケーションはとても大切な時間です。そのためにも、それぞれにポイントを押さえて情報発信をしてください。
《園だより》
　園のポリシーを伝える場と考え保育のねらいや子どもと生活する楽しさや、子どものすばらしさを伝えるようにしています。
《クラスだより》
　さらに年齢別の細かいねらいや子どもたちの姿をより具体的に伝えながら、わが子がどんなクラスの子どもたちと、どのような生活をしているのかを伝えることが必要だと考えています。見やすく読みやすい文章と構成を考えてつくってください。各月の1週間以内に発行する事。
《週日案・月・期・年の各種指導計画》
　週案は週の初め、その他の書類は作成後すぐに、クラスのよく見える場所に保育計画のコーナーを設け掲示し、園でどのような保育を予定しているのかという情報を公開してください。
《デイリープログラム》
　子どもたち生活の切り替えや、保育内容が変わる時に不安になり、泣いたりトラブルを起こします。保護者だけでなく子どもたちに次の活動が見えることは、気持を安定させ、次への活動にスムーズに移行することができます。クラスのよく見えるところに、子どもにわかりやすい表記でデイリープログラムを掲示して、子どもと一緒に生活を組み立ててください。
《連絡帳》
　2歳までが利用している連絡帳はさらに個人的な情報のやりとりになり、大切な育ちの記録となります。これは一生の思い出として大切に保管する保護者が多いので、記入は育ちを一緒に喜べるようにプラ

ス思考で細心の注意をもって記入することが必要です。マイナス的なことを伝えるには口頭が基本です。

《ホワイトボード》

　直接会えない保護者のことも考え、日々の保育を簡単に紹介してください。毎日、保護者の興味を引くような方法（デジカメやイラストなど）で紹介してください。

《ホームページ》

　文字だけの情報は私たちが思った以上に伝わっていません。また、父親や祖父母の育児参加を促す働きもあります。そこで、子どもたちの様子を各クラス、毎月1回以上紹介し、インターネットで見れるようにし、そのことを保護者へ伝えてください。

《保育ボランティア》

　保育の理解は体験してもらうのが一番です。言動や振る舞いに気をつけ、プロとしての対応を見せながら、保護者に保育の一端をのぞいてもらいます。ボランティア参加によって保護者とのコミュニケーションが増すことにより、子どもたちへの理解が深まります。また、他の行事へも積極的に参加してもらい、子どもといる事を一緒に楽しむ行事を構築していきたいと考えました。

《自己評価》

　各期、行事ごとに専用シートを使って自己評価をし、保護者へはクラス掲示で伝えます。

指導計画を保護者と共有する『あゆみノート』

　個々の子どもの人間関係や遊び、発見、驚き、葛藤など、その子の『今』をドキュメント形式で日記風に記録し写真を添付します。さらに、専門的視点からみた情報として、その子の個別指導計画と評価を加えた"あゆみノート"を2歳児以下は毎月、3歳以上は年3回作成し、保護者へ渡し、保護者の思いを加筆してもらいます。

　子どもは家庭にいる時と、集団でいる時は必ずしも一緒ではありません。そのことの違いから、少しでも子どものいいところを発見して

いこうとした保育の記録は、保護者にとっても、わが子に対する誇りとを喜びを引き出す大事な記録となります。一部、保護者に個人の発達記録や指導計画を公開すると、評価の部分に、本音が書けないという意見もありますが、『保護者の立場に立って、子どもの育ちをうまく伝える表現力』と、真実を伝えることによって、かえって信頼関係が深まります。

　このような専門的な書類を通してのコミュニケーションはお互いに冷静で、より有意義な情報のやりとりを可能にします。また、保護者の思いを知ることは、子どもたちへの対応が一様ではいけないことを、改めて確認する場にもなっていきます。保護者には毎月書くことを強要しないように、まずはこちらから伝えることに重点を置きます。

　子どもの情報を正直に伝えることが、そのまま子どもの幸せな育ちへつながるかといったら、必ずしもそうとは限りませんが、子どもの育ちをお互いに理解しないと、子どもの失敗や行動を「何度、言ったらわかるの！」というように、必要以上に叱ってしまう対応につながるからです。これでは子どもたちの中に自己肯定感は育ちません。保護者もわが子に対して愛情を持ったかかわりが出来るように、その子のよさをもっと伝えていかなくてはならないのです。

一日の子どものドラマを記録する"あゆみノート"（ドキュメントファイル）

　あゆみノートを始めると、多くの保護者の方々から「園での子どもの様子がよくわかるようになった」という声があがります。それは家庭では見られない子どもの表現であったり、家庭の子育て環境がそのまま園で表れているケースもあり、改めて子どもへの対応を考えなおすきっかけにもなり、そのことが家庭での教育力もＵＰさせ、子どもの育ちにいい影響を与えるからです。今まで私たちが保護者に伝えてきたメッセージは、園での保育がうまくいくように家庭でのしつけや生活リズム等について、いろいろなことを一方的にお願いすることでした。それが時としては保護者と保育者の間に壁を作ったり、家庭

でのしつけが厳しくなり、かえって親子関係に対して悪影響を及ぼしたりするような情報発信もあったはずです。

　発想を変えて、家庭での教育がうまくいけば、子どもたちは集団の中でもうまく活動できると考え、そこでの教育力アップのために、指導計画を作成し、相談にのったり、具体的な方法や、子どもの成長や思いを伝えながら保育していくことが、子育て支援にもつながっているのです。

子どもの絵（表現）

　子どもたちは言葉だけでなく、絵や歌、ダンスなど、様々な表現方法の楽しさを伝えておくことによって、私たちの見落としている小さな表現から、子どもたちの思いに気がつくことがあります。そこから時には新たな個性や子どもの意欲、可能性を引き出すことができます。特に絵による心の表現を引き出すと、言葉と同じように子どもの思いに出会うことができます。そこで、日常の自由画を大切にし、うれしかったこと、楽しかったことなどの生活画が生まれてくるようにかかわり、その表現の一部をあゆみのファイルの方へ一緒に保管してください。

第6章

園内研修・討議のとりくみ

1　園内研修の考え方・すすめ方

　園内研修のとりくみは、園によってさまざまな形態が考えられます。ここでは障害をもつ子の育ちと保育のあり方をめぐって、2年間かけて私の園でとりくんだ経験をふり返ることで、園内研修の考え方・すすめ方について考えてみたいと思います。

（1）研修にとりくむにあたって

　まず最初に、なぜ研修をするのか、今どんな悩みや課題をもっているのか、問題解決に向けて何をどうしたいのかなど、職員一人ひとりの思いを出し合うことが園内研修の最も大事な項目になります。誰かがたたき台を作成して提案することはかんたんなことですが、全職員の問題意識を十分に出し合うことから始めていきます。
　日誌は視点を定めて毎日記録していくように、研修は2年、3年のスパンで計画をし実践につなげていきます。日誌は一人の記録者が実践で掲げたテーマに対してのふり返りを記録していきますが、研修は内容によっては、直接記録をとらないまでも毎日課題意識をもって事例と向き合い継続的に実践していくことになっていきます。それを職員の一人ひとりの力量を出し合って継続的に取り組んでいくことですから、根気とやる気がなければ実行できません。とてもエネルギーのいることです。なんとなく関わっていたら何も自己啓発になりません。心の中に毎日マイ日誌を置き、その日の自分の保育をふり返り記録をし続けることの連

続が園内研修のスタートになり、積み重ねになっていくことだと思っています。

（2）研修計画の作成

　次に、どれくらいの期間で研修に取り組んでいくのかを決定していきます。ここからは、職員全員で決めるのではなく研修プロジェクトを立ち上げ提案内容を検討していきます。テーマを意識しながら2～3年のスパンで具体的な取り組みをどのようにデザインをしていくかを討議していきます。

　計画作成はかんたんには決まりません。案ができたら、一度各クラスに持ち帰り話し合いをしてもらいます。プロジェクトメンバーに任せっぱなしにしないためにも、みんなの意識をこのような方法で巻き込んでいきます。そして、一人でも多くの意見を持ち寄りプロジェクトに反映させていくことにします。毎日びっしりのスケジュールのなかで、各クラスの話合いの時間を確保するのは悩みですが、そこはクラスリーダーのかじとりにかかっていきます。

　このようなプロセスを経てほぼ全員の意見が集約できると、いよいよ本題に入っていくことになります。どこから切り口をつくり、どんな課程を経て計画を実践につなげていくかについてデザインしていきます。計画作成に十分な時間を費やし、もう"限界"というところまで議論をすることで、園内研修はこれで大丈夫と言っても過言ではありません。そのくらい計画作成が重要になってきます。それは日々の保育実践とまったく同じで、毎月の月案や週案にも置き換えられます。まさに、園内研修は子どもを真ん中に据えて日々の実践に連動しているのです。

　計画作成では、子どもの育ちに職員全員がどう向き合い援助していくかを課題に考えていきます。私たちがとりくんだ統合保育の場合は、直接関わる機会がないとどんな子どもなのか、また具体的にどんな支援の

仕方があるのかなど、なかなか全職員まで周知できない現状があります。そこで、統合保育に向けて何を視点に計画作成をしていくのかを目の前の子どもの姿から話し合っていきます。ここでは、統合保育を話し合う前に健常児の育ちについて十分に話し合うことが重要になってきます。とくに、健常児が安定した環境で生活できることによって障がい児も統合保育を通して安心して過ごせるようになっていくからです。担任・担当としてどんな思いや願いをもって実践していきたいのか、共通理解を図ることも大切なポイントになってきます。その際、目の前のありのままの子どもの姿に着目をし、そこで何を感じているのか、何が課題なのかを話し合うことになっていきますが、価値観の違いや子どもの見方、考え方の違いから、なかなか共通項を見いだせないこともあります。それでも諦めずに課題に向き合うことが最も大事な視点になってきます。そこをおろそかにせず、とことんこだわり続けることに意味があります。

　ここで確かな視点を定めることが、子どもと向き合うときのぶれない眼差しになっていきます。

（3）園内研修のテーマについて

　テーマについては、誰もが納得のいく内容と言葉の表現にしていくことが重要です。なぜなら、そのテーマこそが日々の保育の視点になっていくからです。分かりやすく実践につながりやすい内容であるかどうかがポイントになっていきます。もちろん、テーマから課題が読み取れることは必須です。みんなで考えた内容と表現がとても大事なのです。

　また、研修の対象者の範囲によってもテーマが変わることもあります。保育士のみならず、専門職も一緒にとりくむ園内研修として位置付けていくとしたら、それぞれの立場からの視点で具体的な意見が提案されてきます。むしろ、提案しやすいようにしていきましょう。専門職を対象者にすることによって、さらに誰にでも分かるテーマと実践方法を考え

ていくことになります。

（4）事例から学ぶ視点をどこに据えて、実践していくのか

　このように、研修目的の確認、計画とテーマの設定まで、全職員参加で討議をくり返していきます。その過程で、お互いの保育観・子ども観や今抱えている課題・悩みなどがおのずとみんなの中で了解し合うことができ、それ自体が園内研修の大きな成果となります。このあと、具体的にどのように事例に向き合い実践していくかということになります。

1）視点を定めて保育に入り観察記録をとる
　対象クラスに入り、観察の視点を定めて記録をとっていきます。その際に、あらかじめ記録用紙の様式を決めておくと記録しやすくなります。さらに、誰が記録をしても視点を定めやすく、その後に活用するときでも整理やまとめがしやすくなります。記録は当然のことながら視点を定めて、読み手にも伝わるように意識して書けるようにしていきましょう。日誌はその日の保育をふり返り次の保育につなげていくことになりますが、観察記録は客観的に記録していくことができます。その記録は、対象クラスの担任へのメッセージにもなります。観察記録を通して、担任には見えないことや気づかないことを伝えることができるよさがあります。直接的に関わって書く記録と観察的にとる記録では、子どもの見方、受け止め方もおのずと違ってきます。実際に記録をとっているときには気がつかないかもしれませんが、ふり返りの中でそのことに気づくようになります。こうしてお互いに気づきをもらうことで自己啓発になっていくのです。

2）生活やあそび、保育者の関わり方をビデオ撮りする
　ビデオ撮りはいつ、どこで、誰が、何をどのように撮るのかを事前に

話し合い、月案や週案に計画的入れて実行していきます。

　ビデオは常時設定をしておき、いつでも撮れるようにする方法で撮影することもあります。担任や担当者は誰よりも子どもの様子を把握しているため、最も撮りたいところを撮れる利点もありますが、保育をしながらのため、なかなか思うようにできないことが悩みです。フリーの立場の職員やプロジェクトメンバーの中から役割を決めて、定期的、計画的に撮っていく方法も考えられます。撮ったあとで視点がぶれていたり、必要な場面がないことが分かって撮り直しが必要になることもあるので、ビデオ撮りの計画は修正をかけられる余裕も見積もって作成する必要があります。

　ビデオ撮りは、画面が揺れないことを原則にしますが、あまり上手に撮りすぎないほうがありのままの子どもの姿を映し出せるかもしれません。ビデオこそ手にしていますが、どこの部分の何を記録に収めたいのかは日々の実践とまったく同じであることに気づけるでしょうか。まさに自己評価につながっていきます。

3）クラスの日誌から見えてくるもの

　園内研修の対象になっている日誌を活用していく方法もあります。日誌は日々の積み重ねとして記録されていますので、その中から何をポイントに抜粋していくのかを決めてていねいに見ていきます。その作業を担任や担当に任せる方法もありますが、そこまですると負担が大きくなるので、むしろ、第三者がその役割を受けていくこともよいでしょう。自分の日誌とは違う視点で読み取ることから、これまで見えていなかったことが見えてきたり、感じていなかったことを感じることができたりと、読めば読むほど奥の深さを学習できるようになります。ただし、必ずしもいい日誌だけとはかぎりません。内容をピックアップしたくても中味が網羅されていない日誌を読み取ることは困難になってきます。こういう日誌もあることに気づいてもらえたら、その役割を受けたことで

大きな収穫になるわけですから、それも自己評価になっていきます。自分以外の日誌に触れる機会を得るということは、どんな立派な参考書よりも内容が豊かであるともみてとれるでしょう。

　研修課題に対して、日誌から読み取れたことを参加者の分だけコピーをして事前に読んでもらいます。読んだことを前提に、プロジェクトメンバーで議論をしていきます。始めに日誌を担当したメンバーの報告を受け、次に参加メンバーから気づいたことを上げていきます。ここでは、提案を受けて活発に議論を重ねながら視点にぶれがないかを修正していきます。議論の際にも葛藤が見られますが、担当任せにしないで自分のこととして課題を置き換えて向き合えるようになっていく様子が伝わってきます。

　こうした討議を通して、書き方よりも先に、実践に入る前に何をしたいのか、そのためにどうしたらよいのか、視点を定めることの意味が分かるようになります。

4）講師を招き園内研修を実施

　園内研修のテーマに添って研修がスタートしていきますが、取り組みの途中に講師を招き自分たちのふり返りの機会にしていきます。講師には、事前に相談のうえ何をテーマに話してもらいたいのかをお願いをしておきます。当日の研修に向けては、事前に今までのとりくみ資料を送っておくことで打ち合わせも短時間ですむことになります。内容によっては、先に園内で活用してきたビデオを観てもらってから講演をしていく方法もあります。講演の後に質疑応答の時間を設けて、疑問や悩みを出し合い解決の糸口にしていきます。講演内容のみに留めず、日々の実践を通して具体的な悩みや課題を積極的に聞くことで、これからの保育に活かされていきます。

　また、講演を受けることによって、全職員のふり返りになるため自己啓発にもなっていきます。自分の課題も整理され、これから何を課題

実践していけばいいか見えてくることで、何よりも一人ひとりの意識が高まり園内研修にとりくむ姿勢が一つになっていきます。講師から的確な助言をしてもらうことで、自分たちだけでは気づかないことがわかるようになります。

5）ビデオから学ぶ園内研修とグループ討議の方法

　これまでに撮影をしてきたビデオの内容を確認してから、研修に備えていきます。ビデオ担当者任せにしないで、プロジェクトメンバー全員で見ながら研修で何を視点にみてもらうかなど十分に議論をしていきます。長く撮り過ぎた場合は、多少の編集が必要になることもあります。

　ビデオを観る前にグループ討議のメンバーを決めておきます。メンバーをどのように決めるかによってグループ討議に大きく影響していきます。メンバー構成が片寄ると、活発に討議ができるグループと消極的なグループに分かれてしまうことがあります。よく発言する人とあまり発言しない人とただ聞くだけで終わる人がはっきりと出てきます。それでは、せっかくのグループ討議が活かされなくなります。そのために、構成メンバーを決めるに当たっては十分に考えて提案していきます。方法としては、たとえば、＜各クラス担任や専門職、園長、主任を分散したグループ編成＞＜誕生月で分ける＞＜血液型で分ける＞＜出身地で分ける＞＜経験年数で分ける＞＜世代別で分ける＞等々が考えられます。

　グループの顔ぶれを見て、今日は何のグループなんだろうとお互いにあいさつ代わりのように会話が弾みます。まさにウオーミングアップです。とくに、誕生月や血液型のときにはすぐに分からないため、当てようとしてもりあがります。分かったところで、いよいよグループ討議に移ります。ビデオのポイントとグループ討議のテーマについては、最初にプロジェクトメンバーから提案されます。それを受けてグループ討議が始まりますが、司会と記録も持ち回りで決めていきます。ベテランの人にかぎらず新人や専門職の人も担当してもらいます。

司会者にはグループ討議の進行役、記録者には討議の報告も兼ねてもらいます。小人数で全員が話し合えることで、お互いの思いや考えを知ることができるのもグループ討議のよさです。
　ですから、普段あまり発言しない職員にできるだけ多く話してもらうように配慮していくことも司会にかかってきます。また、よく話す職員には記録に徹してもらうこともあります。
　グループ討議に専門職も参加しますが、保育者にはない目線で子どもを見て感じていることを率直に出してくれることで、活性化につながっていきます。ときには子どもの姿に対してなぜそうするのかを鋭く質問したり、まったく違う角度から意見を言ったりしてくれますので、それが刺激になって戸惑ったり活発になったりすることもあります。
　とくに、直接保育に関わっていない調理、用務現場からの質問はとても新鮮に映ったりするものです。それについて、誰にでも分かるように具体的な説明や裏付けを求められるため、答える人も保育をふり返りながら自分の考えを整理していくことが求められます。
　すべての職員が子どものさまざまな事例に向き合い学んだことをグループごとに発表していきます。グループ討議の時間も45分から1時間くらいに設定し、発表時間も3分から5分スピーチに決め、話し合ったことを整理して報告できるようにしていきます。そのときの構成メンバーによって「発表内容がまとまっていない」「内容が整理されていて誰にでも分かるまとめになっている」「活発でおもしろい内容のまとめになっている」など、違いがはっきりと出されていることに気づかされます。グループ討議をパターン化しないこと、活性化を図る意味でも構成メンバーの影響が大きいと言えます。
　グループ討議でお互いに刺激をもらいながら気づきあい、受け止めながら変わっていくことで、子どもの見方受け止め方に変化が見られるようになっていきます。まさに、子どもを変えるのではなく自分が変わることで子どもも変わっていくことに気づくきっかけをもらいます。

6）園長・主任の役割

　園長は最初の条件整備はしますが、具体的な方法については、プロジェクトを立ち上げ各クラスや専門職の代表を決めてからにします。そこでリーダーを決めて、リーダーが責任をもって園内研修を進めていけるようにバトンを渡すことになります。

　園内研修のねらいから計画作成の立案、実践にどのようにつなげていくか、ビデオ撮影と編集、講師依頼、会議日程計画までさまざまな準備とそのための時間が必要になってきます。基本的にはプロジェクトのリーダーに任せていきますが、主任の役割としてリーダーの補佐をしながら保育の要になってもらいます。そのためには、保育者と一緒にしっかりと子どもたちの育ちに向き合う視点を持ちつつ、時には保育に関わり、時には日誌に目を通してそこから学び問題解決に向けて一緒に考えていくようにします。職員にとっても、主任が担任や係り任せにしないで一緒に子どもの育ちに向き合ってくれることで安心して実践ができるようになります。それが励みになり、自信にもつながっていることはたしかです。園長は絶えず研修のとりくみ全体の流れをイメージしながらも、プロジェクトのリーダーやクラスリーダーが主任と相談しながら、主体的にかつ積極的に園内研修を進めていけるように、信頼して任せることが重要だと思っています。それが、職員一人ひとりの意識強化と自己評価につながっていくからです。

　園内研修はどちらかというと保育士だけが対象になりがちですが、全職員が一緒にとりくめる条件を整えられるとしたら、ぜひそのようにしてほしいと思っています。とくに、専門職の立場からの気づきは子どもたちの成長においても貴重な意見になります。保育士からは見えない風景や子どものつぶやきまでも丁寧に拾って情報提供をしてくれます。それをみんなで共有することで共通理解にもなっていきます。保育園のさまざまな場所で、職員一人ひとりの子どもたちと関わる目線が変わり、誰もが意識的に言葉かけをしたり、見守ったりする姿勢が伝わってくる

と、じつは「気にかける子ども」というよりは、「気にかける大人（職員）」なのではないかということに気づかされます。

　私たちの経験では、目の前の子どもから出発すること、子どもの育ちとしっかりと向き合うことが大事なことと知っていたつもりでも、いざ事例に向き合うと、できていないことの多さに驚くこともありました。ひたすら事例から学ぶ視点を持ち続けてきたことで、子どもたちに問う前に、自分の保育が問われるということにたどり着きました。こうして、日々の生活や遊びの中で、その時々の子どもの願いを理解したうえで、保育者の願いと具体的な手立てを今以上に意識していくことの重要性に気づけたことは、次へのステップになる、大きな成果でした。

　園内研修からの学びは職員一人ひとりの自己啓発につながり、それが園全体の評価にもなっていきます。職員が少しでも豊かになることが、子どもたちの育ちをさらに豊かにさせていくことになっていきます。子どもに着目することで、保育者としてのふり返りになり自己評価になっていきます。

2 幼児グループで連続の事例検討にとりくむ

はじめに

　当園は同じ区内にあって50年以上の歴史のある阿佐谷保育園を運営する法人が、2006年4月に杉並区から運営を受託して今年（2009年）で3年目。荻窪駅近くにある3階建ての園舎に0歳児〜5歳児まで98名定員の保育園です。開所時間は朝7時30分〜夜9時30分で、朝7時30分〜8時30分を「朝保育」として、0歳児クラスを別にして、1、2歳児混合、3、4、5歳児混合の異年齢保育です。夕方5時〜6時30分を「夕保育」として、3、4、5歳児混合の異年齢保育です。6時30分からは延長保育（25人定員）になり、1〜5歳児混合の異年齢保育になっています。

　阿佐谷保育園が大事にしてきた保育理念「地域に根ざした保育所」「親と保育者の共育て」と「丈夫なからだ、たしかな考え、ゆたかな心をもったこどもに育てよう」の保育目標と、「保育者の学習」を大事にしてきた伝統を受け継ぎ、新しい職員集団での園づくりが始まりました。

　それまでの保育の引き継ぎもある中で、目の前の子どもたちと親たちのリアルな姿と願いを深く受けとめて、私たちの園の理念や目標に即した保育をどう創り出していくのかが大きな課題としてありました。

　討議や研修の体制は次のように組みました。

　・職員会議（月1回pm6：45〜8：45）

- 乳児グループ会議、幼児グループ会議（定例は月1回pm6：45〜8：45）
- 保育計画会議（5月）、中間総括会議（9月）、年間総括会議（2月）、方針会議（3月）（それぞれ土曜日pm1：30〜5：30）
- 講師を招いての園内学習（5〜6回）と各種研究会への参加など園外研修
- 他園見学
- クラス打ち合わせ随時

（1）事例会議にとりくんだ経過

　受託にあたって、園舎の改修、定員増、一時保育の開始、延長保育の夜9時半までの時間延長などがあり、また、1年目はそれまでの保育内容をそのまま引き継ぐことも条件に加わり、さまざまな矛盾や困難が生じました。

　阿佐谷保育園から移動した園長以下6名のベテランと新たに採用された若手の職員（合計22人）で環境・保育内容等を確かめ合い、改善しながら出発していったのですが、建物の構造上、1階は事務所とホール・一時保育室、2階に幼児クラス、3階に乳児クラスと分かれ、しかも、園庭がないことは日常の中でそれぞれの子どもの姿（保育）が見えにくい、わかりにくいという課題も抱えていました。

　そんな中で、2年目の年間総括会議に出された2歳児クラスの実践「子どもの気持ちに寄り添う保育」は、みんなが共感する実践でした。この実践はそのあと保育合同研究集会での提案として補筆され、それを再度園内研修で報告してもらうのですが、その際、手元に台本のように周到なメモ書きが準備してあったのにはみんなが感心しました。「共感できる会議」「準備して臨む」ことは、その後の「事例会議」につながっています。

3年目に向けての方針会議で、運営より幼児グループ会議を夜から日中2回に変更できないかと提案がありました。夜の会議をなるべく減らしていきたいとうことだったのですが、職員の中からは「それで今必要とされている十分な論議ができるのだろうか？」という意見も出され、結果、月1回の夜のグループ会議は続けながら、みんなから出ていた「目の前の子どものことを話し合いたい」という要求に添った形で、新たに日中の事例会議にとりくむことになりました。

(2) 事例会議の概要

　園としては3、4、5歳の3クラスが参加できる時間と保障体制をとることにして、第2水曜日のpm2：00〜3：00を定例とし、年8回を計画しました。
　通しのテーマは「子ども理解を深めるために」とし、担当クラスは事例レポート（A4、1枚くらい）を準備すること。レポートは当日持込なので、最初に、担当クラスがそれを元に報告をして、そのあと、深めたいこと、聞きたいことなど、会の進行もしていくようにしました。
　参加者は3クラス担任と主任のほか、フリー、園長も参加しやすいように事務室脇の相談室で行い、1時間なので始まりも終わりも時間通りにすすめる。主任は毎回、会議報告を作成し、2、3日中に全職員への配布をめざすことになりました。

(3) 7月の事例会議報告より

　たとえば2回目7月は3歳児クラスからの事例報告でしたが、当日出されたレポートと会議後全職員に配った「会議報告」は次のような物です。

＜3歳クラスレポート＞
Aくんの最近の姿
・今までは、自分と相手の中で、思い通りにならない時に手が出ることが多かったが、最近は自分とは関係ないところで起きているトラブルや、保育者と他児のやりとりにも敏感に反応して、自分の想いだけで判断して行動（手が出たり、時には言葉で強く表現したり）する。
・まだ危険行動が多い。"なぜ～してはいけないのか"ということへの理解が難しいため、その場では止めることができても、同じ事を繰り返してしまう。が、たとえば"○○をしたら～ができない"というように、自分の要求が叶えられないという状況になると入りやすい。
・保育者の言葉や状況を見て、他児ができないようなことでも自分はさせてもらえるという意識があり、保育者と他児がやろうとしている事や他児が自らしたこと（物を拾って元に戻す等）にも「自分がやるんだ！」「自分がやることなんだ！」と飛んでくる。また、"一番"や"ひとりで"という想いも強い。
・他児とのやりとりだけでなく、想いが通らなかったり、叶わなかったりした時は、泣いたり、部屋を飛び出したりするが、自分なりに気持ちを落ち着けて戻ってくるようになった。

Aくんの姿に対する考察―巡回相談での話も含めて―
・自分と相手とのトラブルでも、その他、想いが通らなかった時でも、自分の「嫌だった！」という想いだけが強く残り、相手の想いを察知することや、「なぜ」というところまで行き着かない。このことをふまえて、対応としてはやりとりや、「なぜ」というところへ結びつきを、まずはパターンで身につけていけるよう、やりとりに関しては、その場で実際にやってみせたり、状況を簡潔に伝えながら、「じゃあAくんはどうすればいいのかな？」という促しで経験を重

ねていく。また、危険行動に関しては、入りやすいからといって"〇〇をしたら～できない"というやりとりではなくて、根気良く繰り返して、危険だということを簡潔に伝えていく。

保育の中で悩んでいること
　集団保育の中でどうしても目立った行動の多いAくんへの対応が、他児のAくんへの印象に影響しているのではないか……。それだけではなく、子どもによっては、自分が直接Aくんとの関わりの中で感じた想いや印象を引きずっている子もいる。

事例会議報告
　今回は、すみれ組のクラス報告です。他に気になる子もいるが、クラスに与える影響も大きいAくんを中心に回っていることから……Aくんをとりあげた。最近、自分とは関係ない他の子のトラブルに敏感に反応する。飛びかかることも多い。善悪の判断というより、Aくんの言葉で言えるときもあるが、手が出ることが多い。他の子は唖然とする状態に。危険行動が多く危ない。「～したら～できないよ」ということが入りやすいので対応していたが、改めないと。散歩のとき、安全を守るために一番前にしてきた（「ぼくが先」「ぼくが一番」にこだわり、そこで崩れることが多かったので）。その他、保育の中のいろんな働きかけから（「お茶をとりに行こう」とか、いろいろ）特別意識が。誰かが物を戻しただけで、「これはAちゃんが……」と怒る。「わあっ！」となる。昨年と大きく変わったところは、思いが通らないとき、相手にぶつかったり、物にあたったりしていたが、今は泣くようになる。この間、お母さんとも話しをした。廊下に飛び出しても、何やらつぶやきながら、気持ちを落ち着かせて「こうしたかった」「あーしたかった」と大人に言うようになった。ちょっと解消するようになった。
　巡回指導の先生の話……自分と相手とのトラブルは「いやだった」。

相手が泣いちゃうことも「いやだった」と、自分の感情が先に立ち、相手の気持ちに行き着かない。そこに友だちの気持ちが介入してくると混乱する。「今、お友だちは、こういうふうで泣いちゃっているんだよね」とAくんがわかりやすいように伝える。「なぜ、〜したの？」は、むずかしい。相手が不快な思いをしていることは伝え、Aくんにとってのコミュニケーションの方法を身につけていくこと。今、それをやっているところ。「〜してたら〜はできないよ」ではなく、「今、これをしたら（たとえば、頭を打って、痛くなるんだよ）」と交換条件は入りやすいが、アタックは別の方法で。

　クラスで悩んでいることは、周りの子がAくんにいやな印象を持っていること。どうしたらいいか？　遊びの中で楽しい経験を、と思っている。Aくんのいいところをさりげなく、みんなにアピールしている。KちゃんやYちゃんはAくんのことをわかってくれている。Aくんの枠の中に入ってくる子は、共通の遊びからかかわりが拡がっている。そうでない子は……。行動が危ないとき「Aちゃん！」と、とっさに言ってしまうことも多い。気をつけたい。

報告後、参加者からは
- 土曜日（異年齢混合保育）私が見ているAちゃんはお兄ちゃん、お姉ちゃんと一緒にいる時の方が素敵なAちゃん。周りも許してくれるからか？　Dちゃんとぶつかるくらい。他の子は小さい子だから。その中でしあわせそう。担任に愛着をもっている。登園時「Eせんせいいないよー」と泣き、お母さんに「〇〇ちゃんはくるよ」と言われて、気持ちを立て直すようになる。立ち直り、見通しがもてる。
- 金曜日に「バイバイね……」をすると月曜日までもっていける。お兄ちゃん、お姉ちゃんの中だと全然違う。Aちゃんの中でも微妙な調整ある。
- 他の子もスムーズに遊びに入れたりはしない。Aくんがアクションを起こすと入れてくれるから土曜日はいい経験になっている。
- 担任がいない週なので……すごい。地雷を踏んだようだ。「ママに

電話をかけてあげる」と言って布団のそばにつくと「なぜ電話をかけないんだ」と言うので「寝ないとかけに行かれない」と伝えると寝る。やってみないとわからないが、言っていることは通じることがわかった。
- 思いは強いが見通しはもてる。地雷を踏むという感じは、１年間やってきたからわかる。何度も地雷を踏んだ。
- Aちゃんに土曜日はいいが、Dくんには我慢のしどころ。
- AちゃんとDちゃんが２人で遊んでいるところを見ていると、おもしろい。AちゃんだとDちゃんは２度くらいは我慢している。Aちゃんもどれだけ受け入れてもらえるか加減しながらやっている。異年齢だとできる人だなとDちゃんのことを思った。Aちゃんも。
- Aちゃんが「いれて」といったらDが「やっぱり、いれない」と言い、２人で怒ることがある。うまくいく時は、ほんとうにうまくいく。登園時も母とのやりとりで乗り越えている。
- 自分を中心に回っているから、自分に言い聞かせている。ブツブツいうのは、言い聞かせている。せいいっぱい、自分の条件の中で……。
- ちょっと折れてあげられる人たちの中でやり取りを身につけられるのだと思う。巡回相談の先生の話・・・逆に相手の子が受け止められるように。相手の子が納得しきらないトラブルを大人がフォローしてあげる。相手の子が楽しく遊んでいけるようにフォローしていく。
- きのうの延長（保育）、落ち着いて遊んでいた。飽きてくると飛び出すが、「ここは、だめなんだよ」と真剣に伝えるとちゃんと伝わると思った。
- 土曜日はお迎えが早いのであまり関わっていないが、部屋を急に出てしまってどうしたものかと、４・５月は玄関でお母さんを待っていることもあった。落ち着いての関わりはこれから……。
- 延長保育の時、友だちのトラブルを見て、隣の部屋からやってきて「でもさあ、自分で行くと思うよ」と、適切なアドバイスだったので感心。続けて「ホールは走るとこだもんねー」と。これは、「知

ってるよー」とアピールしていたようだ。
・言葉が達者になったのが大きい。
・今は、しゃべってくれるから「ああ、そうなんだ」とわかるようになる。

今回はAちゃんの厳しいところ、素敵なところ、気持ちを立ちなおせるようになったこと、Aちゃんにとってのコミュニケーションの方法を身につけていくこと……等々、Aちゃんの今が報告から伝わってきました。

こんなふうに、3、4、5歳児クラス順繰りにとりくんでいきました。担当クラスがレポートを報告、進行することで子どもの状況が見え、視点に沿った話ができました。朝・夕保育、日中のクラスの中で、延長保育、土曜保育等、園生活のそれぞれの時間帯での様子も出され、揺れ動く、困難をかかえる子を「もっとわかるようになる」ためのクラスを越えたサポートが会議の中でできてきました。

わずか1時間ですが、レポートが準備されていることで論議がしやすく、また、目の前の子どものリアルタイムの姿をめぐって話になるため、自分の知っているその子の姿や自分なりの見方・かかわり方などがみんなから発言されるので、充実した会議になりました。

参加者の感想から

今年度はけっきょく7回行われ、最後の2月は事例会議の総括を行い、有意義なとりくみだったことが確認され、次年度に引き継いでいくことになりました。以下、その時の参加者の感想を抜粋しておきます。
●事例会議をやってみて、他クラスの子、土曜の保育で対応する子についての話を聞けてよかった。後半は各クラスの状況に視点が移り、順

を追って話ができて、自分のクラスの話をして、来年度の見通しがもてた。（自分が報告した）Tちゃんの時にいろんな話を聞き実践に移し、変わってきた部分があるので、来年もやっていきたい。
- やってよかったと思う。3、4、5歳でやっているので、3歳の話だと自分の経験を言えるし、（今担任の）4歳のことは教えてもらうし、年齢を重ねあわせて、話ができてよかった。自分のクラスだけで話をすると偏ってしまうので、いろんな人の話を聞けてよかったと思う。
- フリーで自分だけの視点で見る見方と、また違う視点で見れてよかった。去年乳児をもったときのクラスだけより3、4、5歳、両端のクラス、先を見通したクラス、いろんな人の意見が聞けるのが視点が拡がってよかった。勉強になった。
- 1時間だが、各クラス下準備したので、深い話ができて身になった。初めての幼児担当だが、経験ある人の話も聞けて、リアルタイムの子どもの様子で話がすすみわかりやすく、自分の中にも入りやすかった。「こういう風になる……」と、見通しがつかめて、勉強になりよかった。来年度もやっていきたい。この会議があるということでクラスでポイントになる子をいろんな角度で見ようとするようになれたのでよかった。
- いろんな人の考え方、接し方を聞くことができ、実践的な事がたくさん聞けてよかった。
- 事務所・フリーも参加したので、延長保育での様子などを教えてくれて助かった。いろいろ勉強にもなった。幼児グループ会議だけでは子どもの様子がわからない。事例会議をやるとよくわかる。来年も積み重ねながら、クラスの子どもの様子を一緒に話していけるといいと思う。
- 1人の子の理解を深めるという意味でよかった。延長保育での姿、散歩のときの姿がでてよかった。どの場面もその子なんだと思う。出すことで理解できる。一同に会して話ができてよかった。困っている姿

だけでなく、すごく伸びたところをだすことでみんなで成長を喜び合う姿も見たい。
● 下準備をして1時間を有効に使えたのはよかったと思う。会議に臨む時の準備は大切。自分の見ていない姿をほかの保育者仲間に聞けてよかった。今後は、こんなおもしろいことがあったよということがいろいろ出していけるといい。
● 8回ということで体制的に無理をしてやってきたと思うが、どこかでふっきって第一歩。柱にそった活動としてやれた。事例で困難をかかえた子ということでやったと思うが、来年度は「こんなことをやったらよかったよ」という討議もできればいい。
● 延長の時間帯だけを見ていると、この子はこんな子？　と決めつけ的に見るところがあったが、昼間の担任になって午前中からの子ども達の姿を見ると、午前中と夕方の姿は別物。いきいきだす子の様子を聞くことでとても勉強になった。
● 年長が後半変わってきたという話もあったが、どういうとりくみの中で子どもがかわってきたのか、今後そういう話も聞きたい。
● 乳児も事例会議をやってみたい。
● 来年度はできれば、園内研修とつなげていけるといいのでは。

　最後に、会議の持ち方は引き続き同じように。子どもの様子もわかりやすくリアルタイムにだしていく。視点のおきかた、研修とのつながりなどは年間総括会議等も踏まえながら話していくことを確認し合いました。

おわりに　主任の立場からの気づき

　主任としてこの事例会議に参加して、会議内容のまとめと、全職員に伝えていくという役割を担ってきました。保育経験は長いですが、毎回

の子ども論議に私自身改めて学ぶことがたくさんありました。そして、職員一人ひとりの考えや課題、悩みがリアルタイムで理解できたことがとてもよかったと思います。

　そうした中で各クラス担任へのサポートのあり方をとらえ直すことができました。悩みや疑問を個々人やクラスレベルで終わらせない、チームワークが要になるということ。みんなの中に出して、みんなの経験や考えを持ち寄って論議することで、たとえ、その場ですぐに解消しなくても、気持ちが落ち着いて悩みや課題に向き合っていけるのです。

　こうしたとりくみが「自己評価・園の評価」のなかみにもつながっていくのだと思います。「目の前の子どものことをより深く理解したい」「たしかな保育の手立てを見いだしたい」というところからはじまったとりくみでしたが、そのことが充分保障される保育条件の必要性を改めて実感しているところです。

3 園内討議と主任保育士の役割
刺激し合いながら思いをつないでいく『なかま』へ

　先日、うれしいことがありました。今は30代のベテラン保育士として活躍しているA保育者が、私に「先生、私が新人だったとき、大変だったでしょ？」と言ってきたのです。話を聞くと前年度、初めて一回り年の違う新人保育者と担任を組むことになり、改めて連携の難しさを実感したそうです。

　彼女は、新人のとき、ちょうど一回り年の違う私（まだ主任でもありませんでした）と組んで1歳児を担当しました。私は0歳児からその子たちを持ち上がったので、子どもたちの個性はそれなりに把握しているつもりでした。B男は体が大きく感情の起伏が激しくて、いやなことがあると突然、床にひっくり返って激しく泣くことの多い子でした。そのたびに私は『あーあ、もうB男くんは、どうしてこんなに泣くんだろうね』とため息をつきながら、大きなB男くんを抱っこしてなだめていました。そんなある日、新人だったA保育士が「先生、B君は床に倒れて泣くとき、ちゃんとマットや敷物の上に倒れていますよね」と教えてくれたのです。「へ〜そんなこと、急に泣き始めるのに…」と思いながら見てみると、たしかに彼はちゃんと柔らかそうな敷物の上を選んで倒れていました。それがわかったとたん、『何でこんなに泣くんだろう』と思って恨めしかったB男の行動が、私たち保育者にアピールするためのコミカルな行動に思えてきて、倒れるたびにおかしくなってしまったのです。去年からの持ち上がりだったため、B男は泣いてばかりいる子なんだと思い込んで彼の行動をしっかり見ようとしていなかった私に、A

保育士は新人とは思えない鋭い観察力で大事なことを教えてくれました。

　主に午睡時間中が、おしゃべりタイムでした。連絡帳を書きながら、「ねぇねぇ…」とその日保育の中で発見した子どもの小さな変化はもちろん、私が子育て真最中だったので子どもが熱を出して一晩中眠れなかった愚痴を話すと、彼女は両親が共働きだったので「家はこんなでしたよ」と小さい頃の思い出を話してくれたり……、連絡帳を書くのも忘れていろいろなことをしゃべっていました。年齢や経験にとらわれず保育だけでなく、自由にそのとき感じている悩みや迷いなども話しました。「大変だった」どころか「大変ありがたかった」経験でした。

　そして、今度は、ベテランとなった彼女と新人保育士の番なのだなと感じました。かつて私がA保育士としたようにお互いを刺激し合いながら、たくさんのやり取りをしたのでしょう。

　複数担任の場合、押さえるべき大事なポイントが2つあります。保育園が大事にしていることを日常の保育にどう生かしていくのか、お互いの持っている力を刺激し合いながらどのように発揮していくのかです。その際、どれだけ連携を取り合えるかが鍵となります。気の合う人ばかりでは必ずしも無いでしょう。そのような時それぞれのクラス内で、また保育園全体でも、連携力をどう作っていくか、行き詰った時にどうすればいい？　と返していくのが主任保育士の役割ではないでしょうか。誰か一人ががんばるのではなく、皆で悩んだり迷ったりし合いながら乗り越えていく、『なかま』として結びつく要となるのが主任保育士だと思うのです。

（1）職員間のコミュニケーション

　どこの園でも主任保育士はさまざまな仕事をこなし『がんばっている存在』ですが、それらの仕事は結果としては見えにくいものです。保育

に関すること以外に事務処理や雑務に追われ、一日自分は何をしていたのかという疲労感に襲われることも多々あります。

　その中で最も重要で難しいのは、複雑な勤務時間の組み合わせのうえに、立場も経験も年齢も違う職員とのコミュニケーションをどうとるかです。当園でも個別には、園長・主任のもとによく相談に来ています。クラスごとには月に1回クラス会議の時間が設けられていますが、正職員・非常勤職員・看護師・栄養士まで含めた全員で保育の根幹等、確認しなくてはならないこともあります。

　忙しい毎日の中でじっくりと話す時間をとることは、とても難しいのが現状です。当園では職員会議は週1回行っていますが、午睡時なので各クラス代表者の出席となり、かんたんな連絡事項で終わってしまいます。そんな中、全部の職員が顔をそろえて話し合うのが、月1回行う園内研修や年1回1月に行っている新年会議、そして年度初めに行っている新年度会議です。園内研修は、園児が減り始める夕方6時頃から9～10時頃まで行います。会議の司会は主任が行うのですが、私はその進め方についていつも悩んでいました。限られた時間の中、どうやって職員に思いを語ってもらうのか、作戦を練り、座る位置を意図的に決めて変えたり、あらかじめ意見を書いてきてもらったり、いろいろしました。が、私はたいてい失敗していました。けっきょく、いつも意見を言う人が決まってしまうのです。率直にお互い意見を言い合い、わかり合うことは難しいとつくづく感じました。「共通理解」とかんたんに言うものの、わかり合っていると思っていたことが、実際の保育を見に行くとイメージしていたこととまったく違うこともありました。そうしたとき、お互いの価値観・保育観の違いを否定しあうのではなく、私たちが保育の中で大事にしたいものはなんなのか、そこを再確認することが大切です。

　先日も乳児保育を討議しているときに、再確認し合ったことがあります。当園では布オムツを使い、便をした場合はその都度温水シャワーを

使って、素手でていねいに洗い流しています。が、使い捨て手袋をはめて行うべきではないかという意見が出ました。「お尻にも排泄物がついており、衛生面からどのように後で手を洗浄しても不潔ではないか」「いや、感覚が育つ大事な時期に、肌と肌の触れ合いを大事にすべきではないか」等さまざまな意見が出ました。そして、月1回来園して下さっている乳児検診医の先生にも伺った意見も参考にしながら出した結論は、「保育園に来ている子どもたちは、健康であることが前提である。柔らかな部分を洗浄する際に、手袋をはめていては『気持ちよくなったね』という共感を得にくい。下痢など明らかに感染性の疾患が認められる場合は別だが、私たちが今まで大事にしてきた心の発達の面からも肌と肌の触れ合いをこれからも大事にし、素手でていねいに洗い流すようにする」でした。

　最近特に感じるのですが、研修等に参加すると、子どもの心の発達も含めた育ち全体からではなく、衛生面や運動面だけを切り離してこうしなくてはならないと言われる場合があります。だから、ささいな疑問も会議に出し、子どもの育ち全体から保育園が何を一番大事にしているのか、常に職員皆で確認し合うことが大事です。保育士は、子どものために一生懸命考え、最良の保育を行おうとし、一人ひとり方法は違いますが毎日の保育の中で奮闘しています。時には、悩みや疑問等も出てくるので、そのときは「なぜそう考えるのか？」「なぜその方法を行っているのか？」等みんなで問いかけ合い、みんなで考え合うようにしています。保育者個人やクラス内だけで抱え込まずにみんなに投げかける、日誌や計画類には目を通し、保育者の意図や評価に対しコメントを書き込む、いいことも悪いこともみんなで分かち合うのです。

　今、保育現場は様々な役割が求められ、苦しい状況です。そんな中、保育者同士、声をかけ合って支え合うようにしています。とくに全体が見渡しやすいフリーの立場の主任は声をかけやすいようです。保育者の様子に気をつけながら、疑問点等の見い出し方や話し合いに持っていく

タイミングを逃さずとらえるのが、主任保育士の役目と考えています。

（2）保護者とのコミュニケーション

　近年、保護者の子育て観や保育園に対する見方が多様化しています。一人ひとりの保護者によって違う思いをつかみながら対応することが、強く求められています。以前は、「お互いさま」と言うことばで、園で起きたことは園の責任として、園に対応を任せてもらっていました。しかし、今は『きちんと伝える・すぐに伝える』ことが対応の要になっています。一番難しいのが、かみつきやひっかきなどの傷をともなったトラブルの場合です。保育者は傷を負ったほうが被害者で、傷つけた方が加害者という単純な白黒のつけ方をしません。子どもそれぞれに成長発達の段階があり、トラブルの起こる前後の様子や日頃の友だち関係等様々な情報をもとに、なぜそうなったのかを考えます。けれど、保護者は目に見えるその傷にまずはショックを受けるのです。そして、子どもの問題ではなく、保護者同士の問題と考えるのです。そのため、トラブルに対し直接的対応は、担任が行うことがほとんどですが、園長・主任に必ず報告します。

　当園では園の様子を伝える方法として、全園児に連絡帳があるので、個別事項はそれを使って伝えています。また、週報（クラス便り）が2週に1回、園全体の機関紙が1か月に1回、後はクラスごとに臨時号が不定期に出ています。しかし、どんなに詳細に書いて伝えていても、やっぱり思いが行き違うことがあります。そのようなときは、担任だけでなく、園長・主任も交えて直接話し合いを行います。保護者と保育者の思いがずれる前に対応することが大事です。

　ベテラン保育者は、どうしても今まで自分が経験した中で判断しようとしますが、保護者の思いはときとして経験したことのない範疇に移っています。0歳児の保護者で自分の子どもに笑いかけるのが恥ずかしい

という母親の話をしていたら、ある大学教授に「母親と思って見るから、いけないんだよ。父親と思ってごらん。自分もそうだったけれど、あやすのがとても照れ臭かったから」と言われ、自分の中で母親なら我が子に笑いかけて当たり前と考えていたことに気付かされました。また、連絡帳に洋服はどこで何を買ったらいいかまで、こと細かく聞いてくるのに、それについて担任が丁寧に答えても「わかりました」の言葉一つない母親の話を別の保育者にしていたら、「あっそれね、必要事項をインターネットで検索しているのと同じなんだよ。人に物を尋ねているんじゃないの、自分が聞きたいことを聞きたいときに聞いている…インターネット検索なら別にお礼や返事は必要ないでしょ？　それと同じよ」と言われたのです。「あー、そうなんだ」と本当にびっくりすると同時に納得しました。このような保護者へ心の育ちの基本となる人との関わりの重要性をどのように伝えればいいのか、私たち保育者も人であり、人と関わる中で喜び、迷い、苦しむことをどのように伝えるのか、経験に頼らず現状を見つめた対応を担任と一緒に探っていくのも主任の役割です。

（3）地域とのコミュニケーション

　地域への子育て支援も大事な保育園の役割の一つです。その際、中心となるのが主任なのですが、今までは、イベントや相談的なサービス提供型のとらえ方が主だった気がします。けれどこれでは一時的で一方的な支援にすぎません。今、地域の多くの保護者が子育てに疲れ、子どもと離れたがっているのも事実です。でも、子どもと向き合わずには暮らしていけないのも事実です。だとしたら、どのようにして向き合っていけばいいのか、継続的に保育園に遊びに来て親子で保育に参加する機会を設けるなどして、体験を通して学んでもらうことが大事ではないでしょうか。

前年度2月から、熊本市の委託を受け、近くの職業安定所に職業紹介等で訪れた親子対象に『緊急一時保育事業』を行っています。保育担当者が1名のため、利用者数に限界がありますが、利用児童のほとんどが3か月から1歳未満であり、そのような乳児を抱えても緊急に働かなければならない経済事情の深刻さをひしひしと感じます。保育園内だけでなく、保育園を支えてくれている地域全体が困っている今、保育園は何ができるのか考えています。当園も不審者対策として非常用通報システムや電気錠を設置しました。が、現状は人とのかかわりがますます希薄になり、人とどうやって関わればいいのかわからない子どもや大人が増えています。『守りと開放』という矛盾した要求に保育園は答えを求められています。今できることは、主任が窓口となって訪れる人の悩みや疑問を聞きだしながら一緒に考え、すぐに答えは出ないけれど、「あそこに行けば、なんか元気になるんだよね」と言ってほっとしてもらえるような場所と人の提供ではないでしょうか。

おわりに

　私が保育の記録を始めたきっかけは、子どもたちのことばの面白さに魅了されたことでした。せっかく"はっ"と心を突き動かされるようなことばを聞いても、記録しておかなければシャボン玉のように消えてしまいます。『もったいない！』そう思って子どもたちのことばを書き始めました。10年たってメモした言葉を整理してみたら、なんと「子どもがことばを獲得するということは自我の育ちそのものだった」と見えてきたのです。私にとってはかけがえのない発見でした。

　雑誌『母の友』（福音館書店）に子どものことばを30年紹介し、連載しつづけてきた亀村五郎先生は、わが子のことばを書きつづったあるお母さんからこんな話を聞いたと語ってくださいました。お子さんはふくだじゅんこちゃん、4歳です。じゅんこちゃんがある時こんなことを言っていたというのです。「おかあさん、今日の水道の水、あったかくっていい子だね」　お母さんはそのことばを書きとめながら……　『あのときたしかに　いい子だねと言ったけどそれはどういうことだろう？　水道の水があったかいことを気づいただけではない。水道の水を擬人化していい子だと思うことは、母親の水仕事に対するやさしいおもいやりが潜んでいたのではないか……』と気づいたのだそうです。聞いた時には気づかなかったけれど書いてみて、深い子どもの心に触れることができたということでした。

　書くということの意味をしみじみ共感できたお話しでした。今回の本書では書くことの意味はさることながら「評価」の重要性についても何とか書き表すことができたと思っていますが、いかがでしたでしょうか？　わかったつもりになっていて、本当はまだよくつかみきれていな

かった「評価」について、このたび苦闘しながらも書き綴ってみてやはり見えてくるものがありました。これまでなぜ評価が書けなかったのか、評価は『子どもたちの目が生き生きと輝く保育をしたい』と願う保育者の内発的な思いから生まれるものであること、自己評価する力をつけることは自分の生き方をも変える力を養うことになることなど、やはり書くことで私なりにつかめたものがありました。

　そして今回も新たな本の出版にあたり、現場からの強力な助力を得ることができました。園長の島本一男先生、井上さく子先生、それに熊本の副園長の大滝喜和子先生、主任の平井清美先生、年度替わりの一番大変な時期にご執筆いただき、ほんとうにありがとうございました。また、前回の本同様素晴らしい写真を掲載して頂いた写真家の川内松男氏に御礼致します。そして16年前からずっとこの記録の本の編集にご尽力いただいたひとなる書房の名古屋研一さん。これらの本が生まれたのはひとえに名古屋さんのおかげです。心より御礼申し上げます。

　　　　　　　　　　　　　　2009年5月6日　　今井　和子

【参考資料】
保育所における自己評価ガイドライン

厚生労働省
平成 21 年 3 月

はじめに／目次（略）

1 保育所における自己評価の基本的考え方

○ 乳幼児期は、子どもが生涯にわたる人間形成の基礎を培う極めて重要な時期であり、一人一人の子どもがどのように守られ、育てられ、子ども時代にふさわしい経験を積むかは、その後の成長・発達に大きく関わります。このため、保育所においては 0 歳から 6 歳までの子どもの健やかな育ちを見通しながら保育にあたり、常に自らの保育を振り返り、子どもへの理解を深め、保護者との信頼関係を築いていくことが求められます。

○ 自らの保育を職員間で振り返ることにより行われる保育所の自己評価は、乳幼児期の子どもの成長・発達を支える保育の専門機関として、一人一人の子どもの経験の内容を的確にとらえ、保育の充実を図るために行われます。

○ 子ども自らが環境に関わりながら自信をもってその人生を歩んでいくことができるよう自己評価の取組を通して、保育の質の向上を図っていくことは保育所の責務です。

○ 保育士等による保育内容の自己評価は、保育指針を基盤として、各保育所が編成する保育課程やそれに基づく指導計画に沿って自らの保育を振り返ることが基本となります。保育の計画、実践、評価、改善という一連の流れを構造的にとらえながら、全職員が見通しを持って組織的に取り組んでいくことが必要です。

○ 保育所の自己評価は、保育士等職員一人一人の自己評価が基盤となって行われます。その際、保育の記録や各自の自己評価を、研修やカンファレンス（事例検討や協議等）を通して確認し、話し合うなかで、取組みの結果や保育所の課題について共通認識を深めていきます。職員の協働性を高めながら、課題意識をもって次の保育の計画に活かしていくことや、保育所の組織としての機能を高めていくことが重要です。

○ 保育所の保育の質の向上は、保育士等の自己評価に基づく保育所の自己評価が組織的かつ継続的に取り組まれる過程で図られていきます。自己評価の観点をもって保育を振り返り、子どもの成長を見通しながら、継続的に取り組んでいくことが必要です。

○ 保育所が、自己評価の取組を基盤に、第三者評価など外部評価を受けることは、評価に客観性を増し、保育所の説明責任をより一層適切に果たすことにつながります。

○ 保育の内容等の自己評価を保護者や地域社会等に公表することは、保育所が社会的責任を果たす上で、たいへん重要です。公表を通して様々な人との関わりが生まれ、そのなかで、自らの保育の充実を図っていくことが期待されます。

2　保育所における自己評価の目的及び定義

（1）保育士等の自己評価の目的及び定義

○ 保育士等の自己評価について、保育指針では以下のように定義されています。
「保育士等は、保育の計画や保育の記録を通して、自らの保育実践を振り返り、自己評価することを通して、その専門性の向上や保育実践の改善に努めなければならない」（第4章「保育の計画及び評価」の2.「保育内容等の自己評価」（1）「保育士等の自己評価」ア）。

○ 保育士等の自己評価は、自らの保育実践を振り返ることと、保育を通して子どもが変容する姿をとらえ振り返ることと、この両面から行われます。そ

の際、保育士等による環境構成等と子どもの経験の関連性に留意することが大切です。また、「子どもの活動内容やその結果だけでなく、子どもの心の育ちや意欲、取り組む過程などに十分配慮」（同イ（ア））しなければなりません。
○ 保育士等は、子どもの発達や保育環境に関わる専門性を発揮して、養護と教育に係る保育の内容が具体的にどう展開していくかについて、記録などを通し、明確にしていくことが求められます。
○ 保育士等は、園内研修などを通して各々の自己評価に基づき、自分たちの保育のよさや課題を確認し、保育所の自己評価について協議していきます。自己評価が自己完結的なものとならず、保育の質の向上に結びつくよう職員の協働が求められます。

（2）保育所の自己評価の目的及び定義

○ 保育指針では、保育所の自己評価について、以下のように規定されています。
「保育所は、保育の質の向上を図るため、保育の計画の展開や保育士等の自己評価結果を踏まえ、当該保育所の保育の内容等について自ら評価を行い、その結果を公表するよう努めなければならない」（第4章「保育の計画及び評価」の2．「保育内容等の自己評価」（2）「保育所の自己評価」ア）。
○ 保育所では、保育指針を踏まえた保育課程を編成し、それに基づく指導計画を作成します。計画（Plan）に基づき実践し（Do）、その実践を評価し（Check）、改善（Action）に結び付けていくというPDCAの循環の継続が重要であり、これらの連動のなかで保育の質と職員の協働性が高められていきます。
○ 施設長のリーダーシップの下、組織的・継続的に実践を評価し検証することにより保育の改善のための課題や方策が明確になります。
○ 保育所が自己評価の結果や改善に向けて取り組む過程などを保護者や地域住民等に伝えることにより、保育所の施設運営の透明性を高め、保護者等からの信頼を得ることが期待されます。
○ 保育所の自己評価を通して、保育所の保育実践を見直しながら、子どもの

保育と保護者支援を担う専門性を高めていくことが重要です。

（3）自己評価の観点

○ 保育の自己評価は、各保育所が、保育理念や方針、また、子どもの発達過程を踏まえて編成した保育課程やそれに基づく指導計画による保育実践から導かれていくものであり、評価項目だけが独立して成り立つものではありません。

○ 保育の計画に基づく実践の展開を、一定の観点をもって振り返ることが自己評価の基本であり、保育士等が日常的かつ継続的にこれに取組むことによって評価の観点がより明確になります。保育所の評価項目の設定は、保育士等のこのような取組のなかで行われることが望まれますが、特に、その過程を保育所全体で確認し、保育指針に沿って協議していくことが重要です。

○ 自己評価においては、各保育所が主体的に取り組むことを最大限尊重するべきです。このため、本ガイドラインでは、具体的な評価項目ではなく、これを導くための「自己評価の観点」（別添1‐略‐）や具体的展開等について示しています。

○ 「自己評価の観点」は、保育所の日々の実践や保育内容の根幹となる4つの柱、すなわち、Ⅰ．保育理念、Ⅱ．子どもの発達援助、Ⅲ．保護者に対する支援、Ⅳ．保育を支える組織的基盤を示し、それぞれに項目を立てて、自己評価の観点を明確にしています。これらと保育指針との関連を捉え、各保育所で、具体的な評価項目を設定することが重要です。

○ 自己評価の取組の前提として、保育指針に基づく自己評価の観点を捉えながら、常に実践と照らし合わせることが必要であり、保育所全体で積極的に取り組むことが望まれます。

3　自己評価の展開

（1）自己評価の理念モデル

○ 図1は、保育の計画（P）－実践（D）－評価（C）－改善（A）からな

自己評価の理念モデル

保育士等（個人）／保育所（組織）

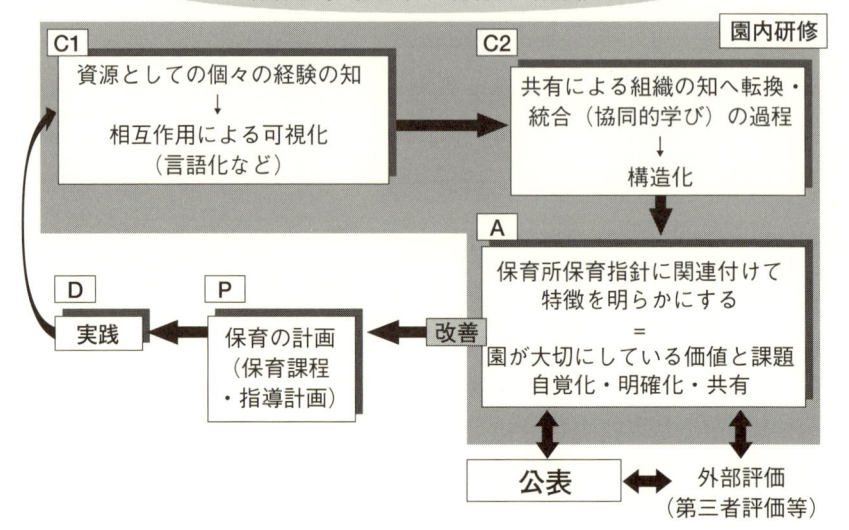

```
[園内研修]

[C1] 資源としての個々の経験の知
      ↓
      相互作用による可視化
      （言語化など）
                        →
[C2] 共有による組織の知へ転換・
     統合（協同的学び）の過程
      ↓
      構造化
      ↓
[A]  保育所保育指針に関連付けて
     特徴を明らかにする
      ＝
     園が大切にしている価値と課題
     自覚化・明確化・共有

[D] 実践 ← [P] 保育の計画 ← 改善
           （保育課程
           ・指導計画）

公表 ⇔ 外部評価（第三者評価等）
```

図1　自己評価の理念モデル

る循環的なシステムの理念モデルを示したものです。この一連の流れは、保育士等個人によって行われるものと保育所（組織）として行われるものとが、相互に関連しながら絶えず営まれていくことを想定しています。
○ このPDCAにより構成される循環的なシステムは、ひとつのサイクルとして完結するものではなく、そこからより発展していくらせん状の過程を表しています。この循環により、保育士等の専門性の向上とともに保育所全体における保育の質の向上が図られていきます。
○ 自己評価は、さらにC1・C2・Aの3つの過程に分けて考えることができます。
○ C1では、個々の保育士等がそれぞれの実践を振り返り、他者に語ったり文章化していきます。こうした振り返りの過程では、個々の保育士の子ども観、保育観、発達観や保育に関する知識、技術などが反映されます。
○ さらに、自らのあるいは他者の保育実践を省察することにより、職員間の相互作用が促され、多様な視点から子どもや保育について見直したり、保育

への意欲を高めたりします。

○ 個々の保育士等の保育実践を言語化し、保育所という組織としての保育や子ども理解へと転換・統合するのが、次のC2です。ここでは、C1の過程で確認したり理解を深め合ったりしたことを、園内研修などを通じて組織的に共有します。

○ 園内研修等において、さらに新たな観点からの理解や認識が得られるとともに、課題とその対応に関する提案などがなされます。そして、職員間で子どもや保育について学びを深めることにより、個々の実践によって得られたものが関連性を持って整理され、次第に体系的なものとなっていきます。

○ さらにAでは、共有され深まった理解を、保育指針に基づく評価の観点に照らし合わせ、保育所全体として大切にしている価値や今抱えている課題を明確にします。このことにより、次のステップに向けて取り組む職員全員の意欲や姿勢が形成されていきます。

○ こうした評価の過程を通じて、それぞれの保育所の保育理念・基本方針・保育目標が、地域の実態に即した形で明らかになることで、その保育所における保育の独自性が示されることとなり、保育の計画や実践に向けてのさらなる創意工夫へとつながっていきます。

○ この一連の結果を保護者や地域住民等に対して公表したり、外部評価を得たりすることによって、評価の客観性が保たれるだけでなく、それぞれの評価の過程もより深まり、発展すると考えられます。

（2）自己評価の具体的展開

○ 1年の保育の流れにおける自己評価の進め方は、概ね図2のようになります。これを参考に各保育所で独自に自己評価の計画を立案することが必要です。

○ 保育所の自己評価は、計画的かつ見通しをもって進めていくことが重要です。このため、施設長は、共に学び合う職場環境を醸成しながら、保育所全体で自己評価の取組を積極的に進めていけるようにします。

○ その際、常勤と非常勤、保育士と保育士以外の職員の区別なく、可能な限り全員が、保育所の自己評価に参加できるよう配慮することが大切です。こ

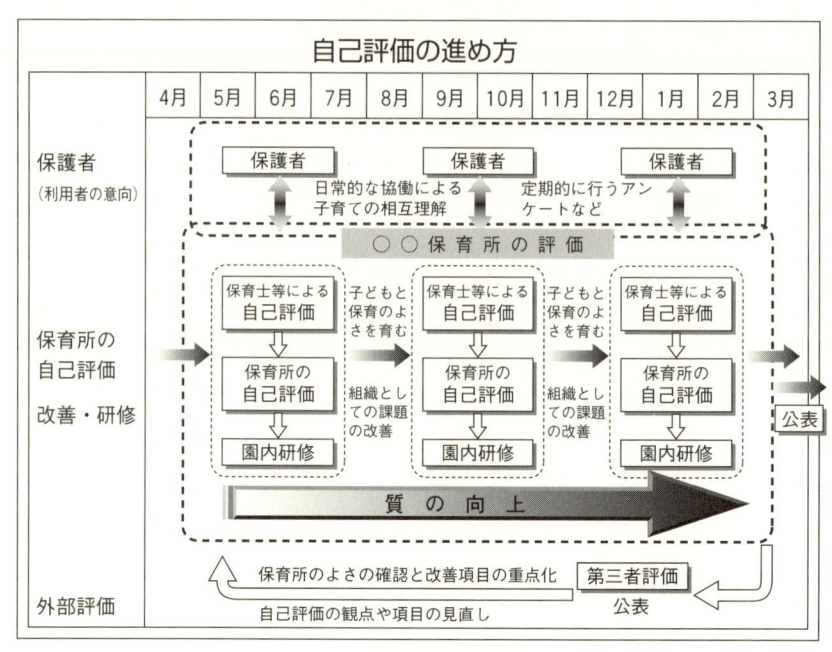

図2 自己評価の進め方

のことにより、主観に基づく保育士等の自己評価の妥当性がより高められ、保育士等一人一人の主体的で意欲的な自己評価への参加が促されます。
○ ただし、勤務時間等の状況に配慮して、複数のグループに分かれて比較的短時間の交替制で実施する、書類の増加を最小限にするなどして、自己評価が過重な負担とならないように工夫することが望まれます。
○ 自己評価を具体的に展開していくためには、様々な方法があります。ここでは、3つの方法を例として示します。
第一に、保育士等の個々の実践の振り返りを最大限に生かす方法です。
第二に、日誌やビデオ等の記録をもとに多様な視点から振り返る方法です。
第三に、既存の評価項目等を利用して振り返る方法です。
○ これらを参考に、各保育所ではこの3つの方法のいずれかに限定するのではなく、これらの方法を組み合わせるなどして創意工夫を図るとともに、保育士等が主体的に参画して自己評価を実施し、学び合っていくことが大切です。

Ａ：保育士等の個々の実践の振り返りを最大限に生かす方法

【考え方】
　保育士等の職員は、日々の保育実践から様々な情報を得て、自らの保育経験として蓄積しています。それらの中には、保育士等が意識して言語化しているものと、無意識に蓄積しているものとがあります。
　この方法では、保育士等の間で保育経験の蓄積を自由に出し合います。こうして、自らの保育を言語化することによって、保育士等（個人）としても保育所（組織）としても、改めて確認したり、新たな認識や考え方に至ることを促します。

【方法】
○ 保育士等がそれぞれ保育実践を振り返って、よかったこと、課題となること等をグループで、できるだけたくさん出し合います。その際、受容的な雰囲気を大切にし、各自が自由にコメントを付箋紙等に書いて張り出す等の方法で行うことにより、経験年数や職種、あるいは保育士等の個性などにかかわらず自由に意見を表明することが促されます。
○ 次に、全員でそれらのコメントをいくつかのカテゴリーに分類します。この取組を通じて、個々の保育士等の経験が、保育所における保育の中でどのような位置づけや意味を持つのかが問い直され、保育士等に共有されていきます。さらに、コメントをカテゴリーの下位項目として整理しながら、修正したり補ったりしていきます。
○ 以上の作業を通じて導き出された評価項目に基づいて、各保育士等が自らの保育実践を評価し、それらを互いに照らし合わせながらその具体的な内容について話し合ったり、集約したりします。
○ その評価項目に基づいた自己評価を一定期間ごとに行い、項目を構成し直すグループでの作業を年に１回行うなどして、評価項目自体の改善も進めていきます。

【効果と留意事項】

　この方法は、日々の実践の振り返りに基づく方法であり、保育士等の主体的で意欲的な参画をより促すことが可能です。そして、日常の保育実践に基づいて、自由なコミュニケーションの中で振り返ることによって、身近なものとして自己評価に取り組むことが促されます。また、個々の経験に基づいて行うため、保育士等が自らの経験を生かして、自分自身の課題として評価に取り組んでいくことができます。さらに、自己評価の過程により保育士等の相互理解が深まり、改善に意欲的に取り組む環境が形成されます。加えて、この方法では過重な準備の必要がありません。

　ただし、この方法は保育士等の主観に頼る面があるため、評価の客観性を高めるよう、第三者評価等の外部評価と組み合わせて実施していくことが望まれます。

B：日誌やビデオ等の記録をもとに多様な視点から振り返る方法

【考え方】

　日々の保育実践の記録等を自己評価の資料として生かすとともに、職員間で資料を共有します。これらをもとに、身近な記録を多様な視点で吟味することにより、改めて確認したり、新たな認識や考え方に至ることを促します。

　記録を活用して保育所の自己評価を進めていくことにより、日誌や資料を通して客観的に保育を振り返ることの重要性が認識されるとともに、職員の協働性が高まります。

【方法】

○ 保育日誌や個々の子どもの記録、指導計画の評価・反省欄の記録や保育実践を録画したビデオ等の資料を保育士等全員で共有します。

○ その上で、これらの記録をもとに、保育士等がそれぞれ気づいたり感じたりしたことなどを、話し合いやグループでの取組等の中でできるだけ多く自由に出し合います。なお、その際、ワークシートや付箋紙等を用いるなどの工夫をして、全員が意見を出しやすくすることが大切です。

○ そして、Aの方法と同様に、全員でそれらのコメントをいくつかのカテゴリーに分類します。この取組を通じて、個々の保育士等の視点が検証され、保育所全体で共有されていきます。さらに、コメントをカテゴリーの下位項目として整理しながら、修正したり補ったりしていきます。
○ 以上の作業を通じて導き出された評価項目に基づいて、各保育士等が自らの保育実践を評価し、それらを互いに照らし合わせながらその具体的な内容について話し合ったり、集約したりします。
○ その評価項目にもとづいた自己評価を一定期間ごとに行い、項目を構成し直すグループでの作業を年に1回行うなどして、評価項目自体の改善も進めていきます。

【効果と留意事項】
　この方法では、保育士等が共通のイメージのもとで経験や視点を交わし合うことが可能になります。
　記録に基づいて協働して振り返ることによって、より具体的に、また客観的な視点から自己評価に取り組むことが可能です。
　また、保育士等が、自らの経験や視点を認識し、自分自身の課題として評価に取り組むことが可能です。さらに、ケース検討をしていくための資料を蓄積していくことにもつながります。
　この方法は、保育士等の相互理解が促され、保育所のよりよい職場環境の形成が期待されます。
　ただし、検討の際、記録が実践そのものではないことに留意し、実践における保育士等の直観的な認識を過小評価しないよう留意する必要があります。また、記録の準備などが過重なものとならないよう配慮することが大切です。
　なお、ビデオ等の記録も、記録者の視点に基づいていることに留意して活用する必要があります。

C：既存の評価項目を利用して振り返る方法

【考え方】
　保育指針に基づく第三者評価等の既存の評価項目を用いて自己評価を行います。その際、評価後のカンファレンス等を通し、職員間で共通認識をもつことが求められます。個々の保育士等の自己評価とその根拠を示して話し合うことによって、保育実践についての認識等を確認し、整理することを通して、それぞれの保育所の自己評価につなげていく方法です。

【方法】
○　第三者評価の項目など既存の評価項目を用いるなどして、保育所の特徴や、保育士等の意見から、独自の自己評価項目を準備します。この方法においては、すべての保育士等の意見を考慮することが大切です。
○　保育士等が、評価項目に沿って、自身の保育実践を振り返り、記述します。
○　グループでの話し合い等により、一人一人の保育士等の自己評価を示し、検討し合う中で、各項目について、保育所としての自己評価を行います。その際、保育実践について職員間で様々な角度から検討していくことが重要です。
○　評価項目にもとづいた自己評価を一定期間ごとに行い、グループで項目を構成し直す取組を年に1回行うなどして、評価項目自体の改善も進めていきます。

【効果と留意事項】
　AとBの方法が日々の実践を出発点として保育経験の蓄積を共有する過程そのものであるのに対し、Cの方法は既存の評価項目等から出発しているため、個々の保育士等の自己評価の結果を保育所の評価としていく過程に重点を置いています。
　個々の評価を相互にすり合わせていく過程で、自らの保育実践とその保育所の保育のあり方をより客観的に振り返る視点が涵養されます。また、保育

士等が、保育所全体の取組に目を向けてより包括的な評価が可能になります。

　ただし、この方法では、既存の評価項目を使用することによる弊害も危惧されます。自己評価の取組においては、自ら作成した保育の計画やそれに基づく実践を着眼点をもって振り返り、評価項目につなげていく過程が大切です。評価項目だけを取り出して点検するのではなく、保育所における自己評価の全体像をとらえていきます。このため、評価項目の不断の見直しや、評価の根拠となった事例等を語り合うことなどが必要です。また、カンファレンス等が個々の保育士等にとって意欲的に参画でき、意義を感じられるものとなるよう配慮することが求められます。

4　結果の公表と情報提供

（1）結果の公表の意義

○　児童福祉法第48条の3及び社会福祉法第75条では、利用者等への情報提供が努力義務として規定されており、特に、保育所の保育方針、保育内容等に関する事項について情報を開示し、保護者等が適切かつ円滑に選択し、保育所を利用できるようにすることを求めています。また、保育所は地域にひらかれた社会資源として、地域社会との交流や連携を図り、保育所の機能を十分に発揮しながら、保育内容等について説明したり、保育に関する情報を提供していくことが求められています。これらのことを踏まえて、保育内容等の自己評価についても積極的に情報提供することが求められます。

○　保育指針では、「保育所の社会的責任」として以下のように規定しています。

　　「保護者や地域社会に、当該保育所が行う保育の内容を適切に説明するよう努めなければならない」（第1章「総則」の4.「保育所の社会的責任」(2)）。

　　また、「保育の自己評価」について次のように示されています。

　　「当該保育所の保育の内容等について、自ら評価を行い、その結果を公表するよう努めなければならない」（第4章「保育の計画及び評価」の2.「保

育の内容等の自己評価」（２）「保育所の自己評価」ア）。
　「保育の内容等の評価に関し、保護者及び地域住民等の意見を聴くことが望ましい」（第４章「保育の計画及び評価」の２．「保育の内容等の自己評価」（２）「保育所の自己評価」イ（イ））。
○ 保育所における自己評価の結果の公表により保護者や地域住民等とのやりとりが行われ、保育の内容等について相互理解を深めることが重要です。
○ 保育所の自己評価及びその公表に関して、様々な人の意見を汲み取りながら、それらを踏まえて保育の改善等に取り組んでいくことが望まれます。このことにより、保護者や地域社会との信頼関係が構築されていきます。

（２）公表の方法

○ 自己評価の結果及びそれを踏まえた改善に向けての取組等について、様々な方法により公表します。
　たとえば、園だよりなどの定期的な通信への掲載等により保護者に公表する方法や、ホームページや地域の広報誌への掲載等により広く周知する方法などがあります。
○ 自己評価の結果については、保護者会や懇談会、また地域の集まりや関係者会議などで説明しながら意見を聴取することも大切です。
○ 評価の根拠や改善内容の示し方などについて、各保育所で創意工夫することが求められます。
○ 自己評価の結果を踏まえての改善の過程や経過などについても、よりわかりやすく公表することが重要です。自己評価に継続的に取り組むことにより保育所の組織性が高まり、保育の改善が図られていきます。
○ 自己評価の結果の公表にあたっては、個人情報の保護に十分留意することが必要です。

別添１　（略）
関係法令等（略）

今井　和子（いまい　かずこ）
世田谷区立保育園と川崎市立保育園で23年間保育士として働く。
十文字学園女子短期大学部・お茶の水女子大学講師、東京成徳大学教授、立教女学院短期大学教授を歴任。
「全国子どもとことば研究会」代表

著書　『ことばの中の子どもたち』（童心社）
　　　『自我の育ちと探索活動』（ひとなる書房）
　　　『なぜごっこ遊び？』（フレーベル館）
　　　『子どもとことばの世界』（ミネルヴァ書房）
　　　『０・１・２歳児の心の育ちと保育』（小学館）
　　　『改訂版　保育に生かす記録の書き方』（ひとなる書房）
　　　『保育実践・言葉と文字の教育』（小学館）
　　　『ことばあそび』（小学館）
　　　『からだあそび』（小学館）　他多数

井上さく子（目黒区保育園園長　第1章6、第3章3、第6章1）
大滝喜和子（ひまわり保育園副園長　第1章4・8、第3章1・2、第6章3）
島本　一男（長房西保育園園長　第1章5、第5章）
平井　清美（荻窪北保育園主任　第6章2）

保育を変える　記録の書き方　評価のしかた

2009年6月30日　初版発行
2014年8月20日　12刷発行

編著者　今井　和子
発行者　名古屋　研一

発行所　（株）ひとなる書房
東京都文京区本郷2-17-13
電　話03（3811）1372
ＦＡＸ03（3811）1383
E-mail hitonaru@alles.or.jp

Ⓒ2009　組版／リュウズ　印刷・製本／モリモト印刷
＊落丁本、乱丁本はお取り替え致します。

ひとなる書房・好評の本

※定価(税込)表示です。

ことばに探る心の不思議
子どもとことば研究会編・A5判・定価2242円

汐見稔幸・今井和子・中川信子・工藤直子他、幅広い執筆者。子どもの「ことば」の記録、観察から心の発達について解説。≪Ⅰ 子どもとことばの世界／Ⅱ 子どもの想像力とことば／Ⅲ ことばのしくみと脳の働き／Ⅳ 詩と出会うとき／Ⅴ 障害のある子のことばに寄り添う≫

保育に生かす記録の書き方
今井和子著・A5判・定価1890円

現場に信頼のあついロングセラー。限られた時間内で、何をどう書けばいいのか？ 日誌、児童票、連絡ノート、クラス便りなどの記録から子どもの様子を克明にとらえる。子どもの育ちのイメージと記録することの意味についてわかりやすく解説。

自我の育ちと探索活動
今井和子著・四六判・定価1575円

探索活動は「自分を探り、自ら遊び出す力の根を育てる」こと。現場で生かせる手づくり遊具も紹介。≪Ⅰ幼児はなぜ探索活動を好むのか／Ⅱ 探索活動の発展のプロセスとおとなの役割／Ⅲ探索活動を通して育つもの（自分をとらえる力・豊かな感性・ことば）他≫

受容と指導の保育論
茂木俊彦著・四六判・定価1575円

「子どもを受容することと指導することは矛盾しない」という考え方に立って、そのための実践の手がかりをわかりやすく論じます。≪今日の子どもをどうみるか／より深く子どもを理解するために／受容・共感と指導を統一する保育／保護者と手をつなぐ≫

子どもへの責任
加藤繁美著・四六判・定価1680円

経済の論理から人間の論理へ！ 今ここにいる子どもたちのために、国・自治体、そして保育者と親の果たすべき「責任」のありようを問いかける。≪経済・労働システムの転換と保育制度改革／新時代の保育の公共性をデザインする／時代を拓く保育者の専門性、他≫

あそびのちから
河崎道夫著・四六判・定価1575円

根っこの感情を耕し、生きることの実感と原体験を育むあそび。そんなあそびの魅力と意味をだれよりも知っているのは保育者。時間・空間・仲間がますます貧しくなってしまった今だからこそ、保育という仕事への誇りと実践への勇気がわいてくる一冊。

おとなに人気のふれあいあそび
渡邊暢子編著・B5判・定価1470円

はじめての人でも5分で仲良し！ ジャンケン自己紹介・肩もみエンカウンターなど、おとな同士のつながりづくりの第一歩となる楽しいアイディア満載したおとなのためのアイスブレーキング集。保護者会・子育てひろばなどで大好評！

子どもに人気のふれあいあそび
東京都公立保育園研究会著・B5判・定価1260円

保育園を「ふれあいあそび・伝承あそび」の発信基地に！ ふれあいの輪がひろがるあそびが満載。アンケートをもとに年齢ごとに10ずつ厳選。楽譜・わかりやすいイラスト付。実習に行かれる学生さん・保護者にもおすすめ。